Hablando se entiende la gente

(¡o no!)

Amat Editorial, sello editorial especializado en la publicación de temas que ayudan a que tu vida sea cada día mejor. Con más de 400 títulos en catálogo, ofrece respuestas y soluciones en las temáticas:

- Educación y familia.
- Alimentación y nutrición.
- Salud y bienestar.
- Desarrollo y superación personal.
- Amor y pareja.
- Deporte, fitness y tiempo libre.
- Mente, cuerpo y espíritu.

E-books:
Todos los títulos disponibles en formato digital están en todas las plataformas del mundo de distribución de e-books.

Manténgase informado:
Únase al grupo de personas interesadas en recibir, de forma totalmente gratuita, información periódica, newsletters de nuestras publicaciones y novedades a través del QR:

Dónde seguirnos:

 | **@amateditorial**

   | **Amat Editorial**

Nuestro servicio de atención al cliente:
Teléfono: **+34 934 109 793**
E-mail: **info@profiteditorial.com**

Lluís Casado

Hablando se entiende la gente (¡o no!)

Ideas clave para mantener relaciones saludables, fluidas y armoniosas

© Lluís Casado Esquius, 2024
© Profit Editorial I., S.L., 2024
Amat Editorial es un sello de Profit Editorial I., S.L.
Travessera de Gràcia, 18-20, 6.º 2.ª 08021 Barcelona

Diseño de cubierta: Jordi Xicart
Maquetación: Marc Ancochea

ISBN: 978-84-19870-48-3
Depósito legal: B 6848-2024
Primera edición: Mayo de 2024

Impresión: Gráficas Rey
Impreso en España – *Printed in Spain*

A todas las personas que me han ayudado
a mejorar mis relaciones.

Índice

Presentación

L a mayoría de los seres humanos vivimos en grupo y en comunidad. Los grupos (familia, trabajo, amigos) son nuestro hábitat cotidiano. Cuando funcionan bien nos sentimos confortables y experimentamos bienestar. Si, por el contrario, no funcionan bien, nos sentimos mal. Y los grupos se inscriben en comunidades más amplias como son el gremio, el colectivo profesional, el barrio, la ciudad, el país, el género, etc. Estas comunidades también pueden ser más o menos armónicas. Si nos preguntamos de qué depende que los grupos y comunidades sean funcionales y armónicos, y únicamente pudiéramos escoger una respuesta, seguramente todos nosotros escogeríamos la calidad de las relaciones.

Las relaciones son la red que nos vincula con las otras personas, que nos hacen sentir bien o mal, comprendidos o incomprendidos, reconocidos o ignorados. Son el lugar donde podemos desarrollar nuestro potencial o, por el contrario, donde nos podemos sentir limitados y enjaulados. Como me comentó Joan Quintana, fundador del Instituto Relacional de Barcelona, «las relaciones no son el problema, las relaciones son el medio para estar bien».

Este libro habla de relaciones, de su importancia y de cómo podemos intentar reconducirlas cuando no acaban de funcionar. Incluso habla sobre qué podemos hacer ante relaciones que son claramente conflictivas. No es un libro exclusivamente para profesionales, sino que pretende ser útil para todas aquellas personas que sienten que sus relaciones (personales, sociales, profesionales) no acaban de marchar como quisieran.

Ahora bien, desde ahora, quisiera hacer una declaración de intenciones. A diferencia de los libros de (fácil) autoayuda del tipo «si quieres, puedes», aquí no partiremos del supuesto de que las relaciones son una actividad entre dos personas que no se ven afectadas por nada de lo que hay a su alrededor y, desde su libertad individual, con las técnicas adecuadas, pueden garantizar una alta calidad relacional. Y no lo haremos porque no es del todo cierto.

Resulta que estas técnicas están limitadas por algunas características inherentes a cualquier relación (cualidades de las relaciones que no se pueden obviar) y por el ecosistema social que las favorece o las dificulta (las relaciones se producen en un entorno social que las condiciona). Finalmente, el resultado de las técnicas depende, no de su aplicación mecánica, sino del grado de oportunidad en la situación y del compromiso que tengan las personas involucradas.

Gráficamente, el libro no habla de lo que pasa entre dos personas como si vivieran en un mundo aislado:

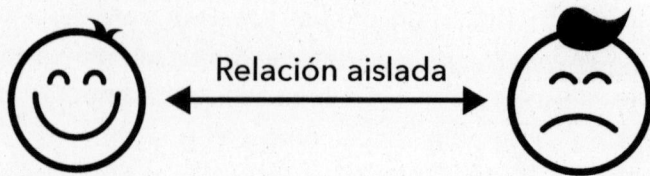

Relación aislada

El libro incluye unos principios relacionales que están presentes en toda relación y recuerda que existe un ecosistema social y cultural en el que se desarrollan más fácilmente cierto tipo de relaciones que otras y que condicionan qué clase de habilidades relacionales será necesario entrenar.

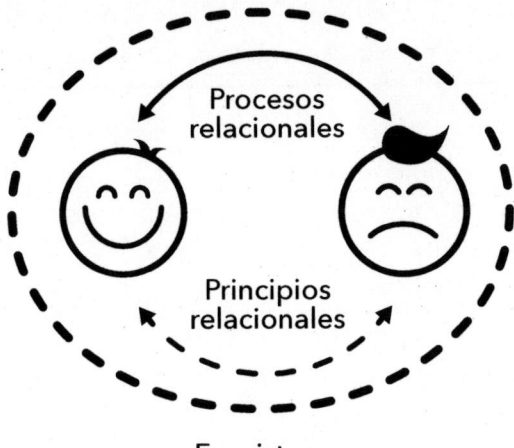

Ecosistema

Lo que estoy afirmando es que, por ejemplo, las mismas herramientas que pueden resultar oportunas y eficaces en un entorno laboral pueden no serlo en una pareja, o al revés. Cada ecosistema tiene sus propias reglas y permite ciertos tipos de relación y penaliza otros. Sin duda, existen formas relacionales claramente negativas, pero más allá de los extremos, es necesario considerar no solo la relación, sino dónde y cuándo se produce.

Por poner algún ejemplo de la importancia del entorno relacional, podemos fijarnos en los cambios que han experimentado en los últimos años las relaciones paternofiliales, entre jefes y subordinados o entre géneros.

Intentar cambiar una situación relacional disfuncional mediante la asertividad en un entorno muy adverso, por más razón que uno tenga, puede resultar insuficiente. Esto se ejemplifica en algunas instituciones en las que la obediencia es un valor primordial y en las que hablar demasiado claro ante una persona de autoridad puede resultar arriesgado. Otro caso suficientemente conocido: intentar negociar en igualdad de condiciones si la asimetría de poder es muy grande no dará resultado, como bien han experimentado las personas que buscan empleo en el caso de que estén compitiendo con muchos candidatos para un único puesto de trabajo.

El entorno también afecta las relaciones desde un punto de vista práctico. Si queremos cambiar las relaciones, el cambio debe incluir el nivel superior en el que existe el problema. Una cultura machista, por ejemplo, no se cambia a base de acciones individuales, por más potentes que estas sean. Si el patriarcado es una característica cultural (social), su cambio exige intervenciones sociales y no únicamente individuales, a pesar de que estas también sean necesarias.

En resumen, los principios relacionales no son optativos, necesitamos conocerlos y respetarlos. No están sometidos a la voluntad individual de las personas. Modificar un ecosistema relacional es un objetivo colectivo, no individual, y son necesarias intervenciones educativas y de empoderamiento, así como cambios sociales. Únicamente se puede delegar el crecimiento en la responsabilidad individual en aquellos aspectos que son específicos de una relación concreta en un momento determinado. Individualmente se puede contribuir al cambio, pero es un error asumir un exceso de responsabilidad. Este es un de los riesgos de la autoayuda fácil.

En la primera parte del libro comento los fundamentos de las buenas relaciones, las condiciones mínimas, aunque no suficientes, para alcanzarlas. Así, en el capítulo 2 hablo de algunas características consustanciales a las relaciones, es decir, de cualidades relacionales que debemos considerar si no queremos cometer errores que tendrán sus consecuencias.

En el capítulo 3 describo las características que debe tener un ecosistema relacional que favorezca las relaciones sanas. Si las relaciones fueran una planta, el ecosistema sería la tierra y la luz que permiten su crecimiento. Las habilidades serían las acciones de cuidado que debemos practicar para ayudar a su crecimiento, como el agua, el abono o las podas periódicas que es necesario hacer.

Finalmente, en el capítulo 4, exploro el impacto que está teniendo el mundo digital en las relaciones. Este impacto es profundo, pero debemos evitar caer en idealizaciones o derrotismos simplificadores. El mundo relacional es muy complejo, y los canales digitales están aumentando esta complejidad. Probablemente es prematuro llegar a conclusiones definitivas, pero ya disponemos de algunos indicios sobre cómo integrar fluidamente el mundo relacional físico y el digital.

Pero a pesar de todo, las relaciones pueden entrar en crisis, o llegar a ser conflictivas. En la segunda parte del libro me focalizo en la mejora relacional. En el capítulo 5 abordo algunas habilidades básicas que son el fundamento para lograr unas buenas relaciones, y en el capítulo 6 ofrezco algunas herramientas para reconducir relaciones que no acaban de funcionar bien. Son situaciones que todo el mundo vive, que no presentan mucha gravedad, pero que si no se abordan pueden generar malestar, distanciamiento y, finalmente, evolucionar hacia un conflicto. Si ya se ha llegado a este, los métodos a utilizar deben ser más sofisticados, como veremos en el capítulo 7. El libro concluye su recorrido proponiendo una práctica de autorreflexión: el mapa relacional personal que puede ser inspirador para el crecimiento de muchas personas.

Escapan a los objetivos de este libro las relaciones que podemos definir como tóxicas o violentas. Aquí podemos incluir las que emanan de personas con trastornos psicológicos graves, y también las relaciones de acoso y de maltrato. En estos casos, sin duda, es necesaria la ayuda de profesionales expertos.

Todas las técnicas y métodos que se presentan han sido probados en mi práctica profesional como psicólogo, ya sea en intervenciones en entornos organizacionales como clínicos. Ello no garantiza su eficacia, pero han demostrado ser útiles en muchas ocasiones. También quiero destacar que todas las «historias de la vida cotidiana» que aparecen como ilustración son reales, si bien resumidas, y, en ocasiones, un poco desfiguradas. Incluso, en algún caso, una historia integra aspectos de casos diferentes.

Está claro que estas técnicas no son, en su mayoría, de cosecha propia, y la lista de autores que me han inspirado, o de los que directamente he tomado sus ideas o técnicas, es muy larga. Por una deuda de honestidad académica, pero también por gratitud, los he citado a pie de página cada vez que he bebido de sus trabajos.

Ya he señalado que este no es un libro de autoayuda fácil. El lector es invitado a reflexionar sobre sus relaciones y valorar qué abordaje le conviene y la oportunidad de hacerlo. Por ello, al final de algunos capítulos propongo una serie de preguntas para la reflexión que pueden resultar de utilidad.

Quiero expresar mi agradecimiento a las personas que a lo largo de los años me han confiado partes muy íntimas de sus vidas. De la escucha de sus dificultades, y del acompañamiento de su crecimiento, es de donde surgen las propuestas de este libro, que no pretende más que compartir estas experiencias con los lectores y aportar alguna luz en el camino de la armonía relacional.

No quiero acabar esta presentación sin mostrar mi agradecimiento a las personas que han leído el libro y me han aportado muy buenas ideas, especialmente a los colegas y amigos Guy Giménez, Mar Gómez, Toña Pou, Joan Quintana y Mon Tur, quienes desde miradas diferentes (clínica, organizacional, jurídica) han mejorado el libro. Y aún de manera más especial a mi hija Mònica Casado, que decidió dedicarse a la Psicología y que, además de comentar el libro, me ha hecho sugerencias muy clarificadoras para el capítulo dedicado al mundo digital. Finalmente también quiero reconocer la dedicación y profesionalidad de Pere Trilla, el editor del libro, que ha procurado corregir los muchos defectos que tenía la versión original.

PRIMERA PARTE:
Los fundamentos de unas buenas relaciones

1.

La importancia de relacionarnos

Las relaciones han sido siempre importantes. La vida en los pequeños grupos nómadas que caracterizaban a la humanidad hasta hace unos 12.000 años, con anterioridad a la revolución agrícola, ya era intensamente relacional. Se jugaban la vida si no eran capaces de tener una buena cooperación. Hay estudios que argumentan que nuestra especie (cromañón) se impuso a su coetánea (neandertal) no por ser más inteligente ni más fuerte, sino por haber desarrollado una capacidad superior de socialización y de relación, probablemente favorecida por alguna mutación genética que provocó un mayor desarrollo de algunas zonas frontales de su cerebro.

Según dicen los expertos,[1] los humanos pudieron desarrollar el lenguaje gracias a las reuniones que celebraban alrededor de un

---

1. Para ampliar el tema de la evolución humana puede consultarse el libro de Eudald Carbonell y Robert Sala *Aún no somos humanos,* en el que, además, plantean el papel de la biotecnología en la evolución.

fuego. Aprender a domesticar el fuego, hace 300.000 años, permitió dos cosas muy trascendentes: cocinar alimentos y desarrollar lazos sociales. No es extraño que el fuego sea el avance tecnológico más importante de la historia para muchos de estos expertos. El *Homo sapiens* bien podría llamarse *Homo relationis*.

Esta cualidad relacional no es fortuita. Hay una serie de motivos que nos explican por qué la especie humana existe gracias a esta capacidad:

▶ **Vulnerabilidad**

El ser humano es una especie muy vulnerable cuando nace. De no ser por los adultos, los recién nacidos no sobrevivirían. Por ejemplo, las crías de chimpancé, nuestros primos evolutivos con los que compartimos el 97% de ADN, ya tienen una cierta autonomía al mes de su nacimiento. En el caso de los humanos esto es imposible, y nuestra dependencia hace que el vínculo establecido en nuestra cultura con la madre en la mayoría de los casos, y más tarde con el padre, sea fundamental y, por tanto, las relaciones están ligadas a nuestra supervivencia desde nuestro nacimiento.

▶ **Aprendizaje**

La especie humana ha desarrollado a lo largo de la evolución una capacidad cognitiva superior a la de otras especies. Es bien sabido que otros mamíferos como los delfines o los simios han desarrollado un lenguaje para comunicarse, o que los simios pueden usar herramientas, pero el nivel de sofisticación de los humanos es muy superior. Las necesidades de aprender son, por tanto, enormes, y ello implica la relación con aquellos que saben. También sabemos que el aprendizaje en compañía resulta más provechoso que el individual, lo que significa un factor evolutivo muy importante.

Aunque el aprendizaje es autónomo, especialmente el digital, no puede olvidarse que la parte más importante de nuestro aprendizaje es relacional, mediante el contacto con familiares, maestros, amistades, compañeros de trabajo, etc.

▶ **Empatía**

La capacidad de ponerse en el lugar del otro, emocionalmente hablando, es una cualidad que nos vincula a los demás. Es una invitación a la relación, ya que las emociones como la alegría, la tristeza, la rabia o el miedo son «contagiosas». Estas emociones que resuenan cuando las vemos en otra persona, o que compartimos socialmente, generan un «nosotros», una sensación de comunidad que nos lleva a la relación con los que sentimos iguales a nosotros.

Está demostrado que otras especies animales tienen emociones. De hecho, las neuronas espejo relacionadas con la empatía fueron descubiertas en los simios por el neurocientífico italiano Giacomo Rizzolatti hace unos treinta años, pero lo que nos interesa destacar es que en la especie humana las neuronas espejo están en la base de los comportamientos sociales complejos y, por tanto, el ser humano está biológicamente predispuesto para las relaciones sociales. [2]

▶ **Cooperación**

Probablemente uno de los comportamientos sociales más necesarios para la supervivencia de nuestra especie es la cooperación con los demás. Sin la capacidad de cooperar, la cacería de grandes animales hubiera resultado imposible, al igual que en la actualidad sin la cooperación sería difícil gestionar empresas o ganar partidos de baloncesto o de fútbol.

La capacidad cooperativa es innata en el ser humano (también en los simios, por ejemplo), pero también lo es la capacidad

---

2. Para ampliar la información sobre las emociones, la empatía y la razón, puede consultarse el libro del sociobiólogo Ignacio Morgado *Emociones e inteligencia social.*

competitiva, y ambas han sido factores de nuestro éxito evolutivo. Esto quiere decir que las personas debemos ponernos de acuerdo en quién, para qué cooperar y cuándo competir, y todo ello solo podemos hacerlo mediante la comunicación, es decir, en el mundo de las relaciones.

▶ **Salud y bienestar**

La investigación está revalorizando cada vez más el papel de las relaciones en el bienestar y la salud. Las tensiones y los conflictos generan estrés y este origina un exceso del neurotransmisor llamado *cortisol*, que si se produce durante demasiado tiempo afecta negativamente a los sistemas inmunitario, digestivo o cardiovascular.

En una investigación muy conocida realizada en la Universidad de Harvard durante más de ochenta años y que ha llegado al gran público gracias a la difusión realizada por el psiquiatra Robert Waldinger,[3] las conclusiones apuntaban a que la calidad de las relaciones a lo largo de la vida era el factor más importante para tener una buena salud y ser felices. En la misma línea, un metaanálisis de investigaciones sobre más de dos millones de personas concluye que las personas que sienten soledad tienen un 14% más de posibilidades de morir de cualquier enfermedad (9% de cáncer). Y si hablamos de sentimiento de aislamiento social, las cifras anteriores se disparan al 32% y 24% respectivamente.[4]

Seguro que hay más motivos que demuestran la importancia de las relaciones. Parece como si la naturaleza, consciente de nuestras limitaciones, hubiera previsto darnos alguna alternativa, que,

---

3. Se puede ver una conferencia TED del doctor Waldinger sobre esta investigación en el enlace https://www.youtube.com/watch?v=nqSJB4WNqv8.
4. Estudio publicado en la revista *Nature Behavior* de los autores Yashuang Zhao y Maoqing Wang. Reproducido en un artículo del diario *Ara* (22 de julio de 2023) escrito por David Bueno.

en todo caso, pasa por mirar al otro y tomar conciencia de nuestra interdependencia.

Es importante reconocer que hoy en día nuestra vida también se fundamenta en unas buenas relaciones. Ya no se trata de sobrevivir a condiciones adversas (aunque en muchas partes del planeta también) ni de asegurar una buena cacería, pero la importancia del ecosistema relacional continúa siendo fundamental, aunque sea por otros motivos. En realidad, como explican los expertos, cada etapa de la humanidad se ha caracterizado por la existencia de un «acuerdo social» que emana de los mitos compartidos que generan unas normas de convivencia que condicionan las relaciones. No es necesario retroceder hasta la Prehistoria, simplemente basta con observar cómo han cambiado las relaciones entre progenitores e hijos basadas en la norma y la obediencia de las dos últimas generaciones, hasta llegar a las relaciones más simétricas actuales.[5]

Si repasamos un día cualquiera de muchas personas del mundo occidental, observaremos que las relaciones familiares, en el trabajo, en la cafetería con los amigos o en el club deportivo con los compañeros de actividad física, configuran buena parte de su vida. Sin duda, encontraríamos personas que, por razones diversas, viven aisladas, pero, en general, el que podemos llamar *ecosistema relacional* configura el decorado donde se desarrollan nuestras vidas.

Y, para nosotros, este decorado es el momento histórico y cultural de principios del siglo XXI en el que nos ha tocado vivir, momento que los norteamericanos definieron en los años noventa del pasado siglo como *entorno VUCA*. Pensando en la planificación estratégica militar, el U.S. Army War College intentó caracterizar el mundo del cambio de siglo mediante cuatro características que resume el acrónimo: Volatilidad, Incertidumbre, Complejidad y

---

5. Aunque en algunos apartados no deja de ser especulativo, se puede consultar el best seller de Yuval Noah Harari *Sapiens* (2014), para tener una visión panorámica de la evolución social a lo largo de los años.

Ambigüedad. Podemos pensar un momento en las implicaciones que tiene en nuestra vida cotidiana.

▶ Volatilidad

Volatilidad se refiere al ritmo de cambio, que se va acelerando progresivamente. Por ejemplo, podemos pensar en tecnologías que hoy son de uso cotidiano: Google Maps, que nos ayuda a orientarnos, se presentó en 2005, o Instagram, que nos permite compartir imágenes y vídeos, apareció en 2010. Algunos sistemas de pago mediante el teléfono móvil muy habituales hoy en día se empezaron a utilizar hace solo unos cinco años. En la actualidad todavía estamos explorando las posibilidades relacionales del metaverso.

Pero el cambio no es exclusivamente tecnológico, aunque la tecnología sea muy visible. Pensemos en los hábitos sociales, como pueden ser el uso de la bicicleta como medio de transporte urbano, la progresiva desaparición de la corbata en la vestimenta masculina o la creciente conciencia sobre la importancia del reciclaje doméstico. En los tres casos, escogidos un poco al azar, si comparamos la situación actual con la de hace unos años veremos la diferencia. En pocos años muchas cosas han cambiado.

Incluso la propia identidad debe adaptarse. Como dice el filósofo Zygmunt Bauman,[6] aquello que antes era un proyecto para toda la vida (se refiere a la identidad) en la actualidad se ha convertido en un atributo del momento.

El lector puede estar preguntándose si este cambio también afecta a las relaciones. La respuesta es que sí, y con una profundidad que no percibimos porque los cambios son progresivos. Pensemos en los cambios producidos en los últimos años en las relaciones de pareja, en las relaciones entre padres y madres y sus hijos e hijas, en las relaciones entre jefes y subordinados

6. En su obra *El arte de la vida*.

en el trabajo, o en el impacto de las redes sociales como canal de relación.

En cuanto a este último punto, solo apuntaremos un dato: algunas investigaciones recientes informan de que internet es el canal más frecuente para conocer a una futura pareja, por encima de los amigos, las fiestas o el trabajo. Este dato era ciencia ficción no hace mucho tiempo.

▶ Incertidumbre

La incertidumbre nos habla de la dificultad para prever el futuro. Es evidente que el futuro nunca ha sido previsible, ni por los oráculos de la antigüedad ni por los superordenadores actuales, pero la diferencia es que ahora el futuro se enmarca en un plazo mucho más cercano.[7]

En la planificación empresarial, el largo plazo se consideraba a los cinco años, cuando hoy, en algunos sectores, se mide en meses. El objetivo de la mayoría de los trabajadores era conseguir un contrato indefinido que les permitiera organizar la vida a partir de la tranquilidad de saber que tenían un sueldo asegurado. En la actualidad, los jóvenes que tienen trabajo tienen claro que seguramente no permanecerán muchos años en el mismo.

Los escenarios posibles, a corto o medio plazo, son diversos en muchos aspectos de nuestra vida, derivados del impacto del cambio climático, del estado de la economía o de los trabajos que harán algoritmos, androides y robots en sustitución de las personas. También por aspectos más personales, como la ciudad de residencia o el oficio en el que trabajaremos dentro de unos años, que posiblemente todavía ni existe. Todo ello genera inseguridad y, finalmente, ansiedad, seguramente

---

7. El cerebro humano tiene entre sus principales funciones, precisamente, anticipar el futuro para desvanecer incertidumbre. Para profundizar este tema recomiendo el libro de David Bueno *El arte de persistir.*

mayor en las generaciones que han vivido en tiempos de una cierta estabilidad y continuidad, pero presente en la mayoría de la población.

La incertidumbre también afecta a las relaciones, especialmente a la confianza. En efecto, la confianza se construye a partir de la predictibilidad de la conducta de la otra persona, y en momentos de cambio acelerado, esta predictibilidad queda en entredicho.

Tenemos confianza en la otra persona cuando sabemos que «no nos fallará», es decir, que cumplirá sus compromisos y es consecuente con lo que dice y lo que hace, en pocas palabras, cuando el futuro es previsible. Si la predictibilidad baja, el vínculo de confianza queda perjudicado y puede desencadenar emociones muy diversas que pueden acabar por distanciar a las personas.

▶ **Complejidad**

La complejidad hace referencia a la multiplicidad de contactos y relaciones que tenemos las personas que vivimos en este mundo globalizado e interconectado.

Las relaciones familiares, un reducido núcleo social, más las relaciones laborales, han caracterizado los ecosistemas relacionales de la mayoría de las personas hasta no hace mucho. Ahora, este ecosistema está formado por muchos círculos concéntricos constituidos por relaciones más o menos fuertes según el argot de los sociólogos. El psicólogo Kenneth J. Gergen, a quien citaré en más de una ocasión, nos habla de la «saturación» social debida a la facilidad con la que, gracias a las tecnologías de transporte y de comunicación, podemos relacionarnos con gran cantidad de personas muy diferentes.

Las relaciones débiles ahora son mucho más numerosas y pueden ser importantes en cualquier momento para encontrar trabajo o pareja o visitar un país lejano. Personas poco visibles en nuestra vida pueden pasar a ocupar un gran protagonismo si pensamos en el papel de las redes sociales en nuestras vidas. En el mundo de la gestión empresarial, conceptos como *networking* (manejo de la red de relaciones) o la gestión de los *stakeholders* (agentes interesados) han pasado a tener una gran importancia para hacer progresar los proyectos.

Esta complejidad implica la necesidad de tener mucha más capacidad de adaptación y flexibilidad para poder mantener relaciones sanas y productivas con muchas personas que son muy diferentes entre sí. Es como hacer un viaje por muchos países culturalmente muy diversos y durante el que debemos cambiar de idioma y de costumbres constantemente, pero todo sin salir de casa.

▶ **Ambigüedad**

Finalmente, la ambigüedad nos lleva al terreno del relativismo. La mentalidad dual de la modernidad nos aseguraba que las cosas eran correctas o incorrectas, verdad o mentira, aceptables o inaceptables. En los viejos tiempos de las grandes ideologías, de las grandes religiones o de la verdad irrefutable del conocimiento científico, había poco espacio para las tonalidades grises. Las cosas eran blancas o negras. La posmodernidad líquida es, por el contrario, no dual, y abre la puerta a la ambigüedad.

Esta ambigüedad ha ido invadiendo nuestra vida excepto en aquellos aspectos en los que la respuesta es técnicamente indiscutible. Ahora todo depende, pues todo es subjetivo, incluso en algunos terrenos en los que es discutible confiar en este carácter subjetivo.

Se habla mucho de relato, palabra que oímos constantemente en los medios de comunicación, y debemos ser conscientes de que para que un relato sea aceptado debe ser creíble, no forzosamente cierto. Por desgracia, el gremio que más habla de relato es el político, cuando se supone que debería ser muy escrupuloso con todas estas cuestiones.

Lo cierto es que estamos en un momento histórico en el que la aceptación de la diversidad lleva al relativismo, y este, a la necesidad de saber manejar bien las relaciones en las que todos los protagonistas se sienten legitimados para defender opiniones diferentes sobre cualquier tema.

Vivimos en la época de las *fake news*, la sobredosis de información y del no binarismo (con relación al género, pero también con relación a muchas otras cuestiones). Seguramente, esta disolución de las creencias y valores sociales no es un error o un síntoma de decadencia moral, sino que es lo que corresponde a nuestra época.

Como explica muy bien el psicoanalista Ramon Riera,[8] «los *sapiens* existimos gracias a los valores que regulan nuestras relaciones» y en cada etapa histórica, desde nuestros antepasados cazadores hasta hoy, pasando por la revolución agrícola y las industriales, hemos desarrollado los valores que dotaban de sentido a la existencia y favorecían la cohesión social. Imagina a una persona con nuestro relativismo actual viviendo en la Edad Media; probablemente sería considerado un loco o un hereje. Y a la inversa, si una persona de la Edad Media viajara en el tiempo hasta nuestros días, y consiguiera superar el choque tecnológico, seguramente sería vista como alguien fanático e intransigente debido a sus rígidas ideas religiosas, sociales o familiares. Pero este relativismo, no lo debemos olvidar, genera confusión y tensión relacionales.

En resumen, los seres humanos somos relacionales por necesidad, pero, además, en el siglo XXI saber manejar las relaciones para llegar a acuerdos nos facilita adaptarnos a un mundo en cambio permanente, con un futuro poco claro, con multiplicidad de contactos que pueden influir en nuestra vida y sin unas creencias y unos principios compartidos por todo el mundo que nos sirvan de guía. Estas nuevas situaciones nos

---

8. Ramon Riera: *La herencia emocional* (2019).

demandan un esfuerzo personal y colectivo, ya que las formas de vida tradicionales no debían considerar un escenario tan complejo.

Hace unos cuantos años, en una estadía de formación en Palo Alto, en la mítica (para los psicólogos) bahía de San Francisco, tuve la suerte de conocer a Paul Watzlawick, uno de los psicoterapeutas más influyentes de la segunda mitad del siglo xx, que era uno de los profesores del seminario. En una conversación informal durante un descanso le pregunté cuál era la finalidad del modelo psicoterapéutico que había creado y su respuesta fue muy directa: reducir el sufrimiento. Su finalidad no era convencer a las personas sobre cuál debía ser su modelo de vida. Este libro pretende lo mismo, ayudar a las personas a tener unas mejores relaciones, pero en ningún caso recomendar un mundo relacional idílico que, con total seguridad, no sería adecuado para muchas personas, o no sería posible para muchas otras.

Cuestiones para reflexionar

Reflexiona sobre las siguientes cuestiones y comparte la reflexión con personas de tu confianza para conocer su opinión.

★ ¿Soy suficientemente consciente de que, en muchas ocasiones, más que defender verdades, deberíamos hablar de compartir miradas?

★ ¿Me cuesta aceptar opiniones que contradicen mis «certezas»?

★ ¿Me adapto a los cambios de valores y creencias sociales?

★ ¿Soy suficientemente consciente de que los humanos dependemos de la calidad de nuestras relaciones?

2.

Cinco principios relacionales inevitables

L a finalidad de este libro es ayudar a las personas que lo tienen en sus manos a tomar conciencia de la importancia de las relaciones para su bienestar, y también proponer una serie de métodos para abordar situaciones relacionales más o menos difíciles. Pero antes de ello presentaré cinco principios que explican algunos aspectos inevitables en las relaciones y que, por tanto, deben ser conocidos y respetados, ya que cualquier intento de subvertirlos provocará dificultades relacionales.

Se trata de cinco cualidades inherentes a las relaciones, que forman parte de su naturaleza y que debemos conocer y recordar para poder comprender mejor nuestras relaciones y para no dificultar los intentos de mejora relacional que emprendamos.

No es posible no comunicar

Una pareja en la cincuentena cuya relación se mantenía desde hacía treinta años solicitó la ayuda de un psicoterapeuta. El motivo era el creciente malestar de ella y el ensimismamiento de él. Según explicaba ella, desde hacía un tiempo él no estaba demasiado comunicativo (antes no era así), llegaba más tarde del trabajo (era un pequeño empresario) y se mostraba con una actitud un poco arisca. Él negaba tener ningún problema en la pareja, así como la existencia de una tercera persona, pero la realidad era que una relación que había sido buena para los dos estaba a un paso de la crisis.

Después de algunas sesiones en las que no parecía que avanzáramos mucho, él acabó por abrirse: la empresa iba mal, y a pesar de dedicarle todo el tiempo del mundo, empezaba a temer por su continuidad. No quería preocupar a su mujer y, además, sentía mucha vergüenza, ya que estaba viviendo la situación como un fracaso personal.

Este es un ejemplo de silencio bienintencionado que acaba por provocar una crisis. Para mejorar la relación, el primer paso era no mantener oculta esta información. Después, obviamente, quedaban otros aspectos a trabajar, como el paternalismo implícito en la conducta de él o su vergüenza, pero sin completar el flujo comunicativo seguramente la relación no podía mejorar.

El silencio es una respuesta. La ausencia es una respuesta. La evitación de una mirada es una respuesta. Cualquier acto relacional implica transmitir un mensaje, aunque a veces la dificultad radica en el hecho de que el mensaje es muy ambiguo y el receptor puede no saber cómo interpretarlo, o hacerlo de forma errónea, como ocurre en la historia anterior.

Un mensaje de WhatsApp que sabemos que ha sido leído y del que no tenemos respuesta, ¿qué nos dice? Sea cual sea el significado, hay un mensaje, aunque no sea explícito.

El mundo digital, en muchas ocasiones, reproduce dilemas que se dan en el mundo físico. Por ejemplo, podemos eliminar el *doble check* de nuestro WhatsApp y ganamos libertad, pero con esta acción también estamos enviando un mensaje a nuestros contactos.

De lo que debemos tomar conciencia es de que la otra persona intentará encontrar un significado al silencio y además responderá en consecuencia. La comunicación, entonces, se convierte en una fantasía que puede generar malentendidos e incluso conflictos.

Esta tendencia a interpretar las situaciones ambiguas es importante y debemos tenerla en cuenta, sobre todo si recordamos que en las conductas implícitas el riesgo de «inventarse» las relaciones aumenta: una crítica extemporánea es conflictiva, todos estaremos de acuerdo, pero una valoración positiva no expresada puede generar distanciamiento, frustración o rabia, y de esto, muchas veces, no somos tan conscientes.

También es cierta la aseveración contraria. Hay cosas que cuesta comunicarlas, e incluso puede ocurrir que en nuestro idioma no exista ninguna palabra para expresar una determinada idea. Un ejemplo es la palabra *Mamihlapinatapai*, al parecer propia del idioma de los nativos de la Tierra del Fuego, en América del Sur. Esta palabra describe la mirada entre dos personas que esperan que la otra comience una acción que ambas desean. En castellano, si no estoy equivocado, este fenómeno no podemos describirlo de forma directa, ya que no disponemos de ninguna palabra para hacerlo.

El lenguaje crea las realidades a las que nos podemos referir. Como dijo el filósofo Ludwig Wittgenstein, «los límites de mi lenguaje son los límites de mi mundo». La ausencia de un término no puede dificultar la comunicación, pero lo que más puede dificultarla es la falta de conciencia sobre la relación. Por ello, a veces necesitaremos hacer un esfuerzo para transmitir aquello que creemos, sentimos o pensamos.

Las relaciones son como puentes por donde circulan pensamientos y emociones

Historias de la vida cotidiana.
Mi primo no es mi jefe

Dos primos, los llamaremos Pedro y Sandra, dirigen una empresa que crearon sus padres, quienes progresivamente han ido retirándose de la primera línea directiva. El padre de Pedro era el director comercial y, en realidad, también ejercía las funciones de director general, y el de Sandra se encargaba del funcionamiento interno de la empresa (administración, personal, almacén). Ahora que la nueva generación dirige la empresa, en la práctica Pedro se comporta como el jefe de su prima, y ella no acepta este rol «hereditario». Además, los padres estaban de acuerdo sobre la estrategia a seguir, pero ahora el mercado es más difícil y entre los primos no existe consenso en este sentido.

Independientemente de sus opiniones y argumentos, lo que condiciona la relación son los roles que se atribuyen (y atribuyen al otro/a) y un vínculo familiar, que no es neutro emocionalmente, que se mezcla con el profesional. Aunque hablan de estrategia, un tema frío y racional, es necesario clarificar los dos niveles (el racional y el emocional) si quieren tomar las decisiones estratégicas de manera profesional.

En este ejemplo, las discrepancias estratégicas forman parte del problema, pero también el rechazo de Sandra hacia la «autoridad» de Pedro, y la desvalorización de este de los sentimientos de su prima.

Las relaciones no son solo los mensajes que intercambiamos, sino también los fundamentos emocionales que envuelven los mensajes: las emociones y los pensamientos, juntos, son el mensaje.

Veamos un ejemplo bien conocido. Todos hemos vivido malentendidos a causa de algún WhatsApp poco afortunado, pero el mismo mensaje, comunicado en persona, junto con toda la comunicación no verbal que lo envuelve (gesto, tono de voz, etc.) probablemente hubiera sido recibido de manera bien distinta.

Pero no se trata simplemente de si la comunicación es presencial o digital. Según como se haya estructurado la relación (amistosa o competitiva, por ejemplo), el mismo mensaje puede tener significados diferentes. En una relación de amistad, una frase como «mira que eres ingenuo» puede ser recibida como una muestra de afecto, pero la misma frase en un contexto de tensión puede ser entendida como un reproche. Aquí la comunicación no verbal también juega un papel importante.

Por tanto, para entender bien una relación deberemos prestar atención a lo que se dice, lo que incluye los sentimientos que lo acompañan, y también, como veremos más adelante, a la estructura relacional (vínculo y roles de cada uno) que hay entre las personas, sin olvidar el canal de transmisión.

(Casi) siempre una relación es responsabilidad de los dos

Historias de la vida cotidiana.
¿Estás en mi equipo o contra mí?

A veces la corresponsabilidad no resulta obvia. Es el caso de una pareja, a cuyos integrantes llamaremos Raquel y Mauricio. El conflicto central de la pareja se articulaba alrededor de las relaciones de Mauricio con su familia de origen. Según Raquel, no resultaba claro que Mauricio «jugara en su equipo», ya que a menudo disculpaba o aceptaba comportamientos de su propia familia que disgustaban a Raquel. Parecía

que el origen de las discusiones era claro y tenía un responsable evidente.

Pero si se profundizaba, las cosas eran un poco más complejas, ya que Mauricio había pedido a Raquel un poco de paciencia por la mala coyuntura económica de su familia de origen.
Desde la perspectiva de Mauricio, Raquel no comprendía la difícil situación en la que él se encontraba.

No es el momento de discernir quién tenía razón, ya que con
el ejemplo solo se pretende evidenciar que las cosas no acostumbran a ser indiscutibles desde el punto de vista de la atribución
de responsabilidades.

Si una relación es fluida y satisfactoria, seguro que las dos personas implicadas están contribuyendo para que sea así con respeto,
interés, tolerancia o generosidad, ya que el beneficio es evidente
y compensa cuidar la relación. Pero si la relación va mal, curiosa-
mente, tendemos a buscar en el otro la responsabilidad del des-
encuentro y a justificar la propia conducta. Pues bien, en los dos
casos hay corresponsabilidad.

Una relación es un proceso de interacción en el que cada parte
responde en cada momento a aquello que recibe (o cree que recibe) de la otra persona. Es, pues, un proceso de influencia mutua en
el que difícilmente hay «buenos y malos», sino más bien un cierto
grado de responsabilidad compartida. En cada momento relacional, una persona puede invitar a la otra a tener una relación amistosa y cooperativa o una relación tensa y competitiva. Está claro
que en los momentos emocionalmente muy cargados esto es muy
difícil, pero es importante, como veremos en capítulos siguientes,
tener esta conciencia de corresponsabilidad.

Decía que (casi) siempre hay un reparto equitativo de responsabilidad, pero quiero destacar dos excepciones a modo de ejemplo:
cuando la relación de poder es muy asimétrica, como en el caso entre
un jefe y un colaborador y, aún más evidente, cuando existe violencia, como es el caso del maltrato en la pareja o del abuso de menores.

Las relaciones son objetivas
(solo en parte)

Historias de la vida cotidiana.
Cuando las dos partes tienen razón

Una técnica especialista en recursos humanos del departamento central de una empresa se queja de que cuesta mucho que las iniciativas y programas que impulsan sean adoptados rigurosamente por las delegaciones, a pesar de los esfuerzos de comunicación que han hecho. Ante estas recriminaciones, los profesionales de las delegaciones responden que los proyectos que llegan de la central no tienen en cuenta las peculiaridades de cada delegación, y que no se trata de hacer caso o no, la cuestión es si pueden implementarse tal como pretende el departamento central.

Es difícil llegar a un acuerdo negociado simple, pues es verdad que los programas son técnicamente muy buenos y que la comunicación interna existe, pero también es cierto que, en algunos aspectos, los programas son de difícil cumplimiento en alguna delegación debido a las peculiaridades de cada territorio.

La posición desde donde se mira la realidad condiciona la realidad que se ve. Relacionalmente, esto provoca situaciones sorprendentes, en las que dos personas pueden estar discutiendo, argumentando ideas contrarias entre sí y, en realidad, teniendo ambas la razón (cada una desde su posición, evidentemente).

Existe una creencia muy extendida de que, en las relaciones, hay una parte objetiva y otra más subjetiva. La primera la forman nuestros argumentos y opiniones que surgen de lo que pensamos, y la segunda es nuestra parte más emocional. En cierta forma asimilamos objetivo-subjetivo a racional-emocional.

Pero en realidad buena parte de nuestras relaciones tienen una buena dosis de subjetividad, también en los aspectos más cognitivos. Imaginemos que vemos a una persona conocida por la calle, pero no nos saluda. Podemos encontrar tres explicaciones inmediatas: va pensando en sus cosas y no nos ha visto, nos ha visto pero tiene prisa y no quiere detenerse, o nos ha visto y está molesta con nosotros, y por eso nos evita. Es fácil ver que, según la explicación que escojamos, esta condicionará nuestra respuesta y esta, a su vez, la relación futura con aquella persona.

La subjetividad está presente, en primer lugar, porque todos tenemos distorsiones en aquello que percibimos. Por ejemplo, cuando construimos una primera impresión sobre una persona a la que acabamos de conocer, no todo el mundo se fija en los mismos rasgos. La apariencia física, la forma de hablar, la sonrisa, la mirada o la forma de vestir pueden ser más o menos importantes para cada uno de nosotros y, por tanto, llegar a conclusiones diferentes.

También hacemos constantemente atribuciones que surgen de nuestras creencias o de experiencias anteriores; por ejemplo, un comentario realizado por una persona a la que consideramos experta sobre un tema fácilmente lo consideraremos acertado. Sin embargo, nos atreveremos a criticarlo sin reparos si el mismo comentario lo hace una persona que consideramos no experta.

También debemos tener en cuenta que los hábitos y costumbres culturales condicionan nuestra manera de ver las cosas, como todos hemos podido comprobar en las relaciones con personas de otros países.

Podemos decir, pues, que en parte nosotros fabricamos subjetivamente nuestras relaciones. Este aspecto que parece obvio no lo es tanto y lo recuperaré en capítulos próximos, pues está en el origen de más de un problema relacional.

En las relaciones somos libres
(pero no del todo)

Historias de la vida cotidiana.
Ahora soy tu jefa

Mireia trabajaba de enfermera en un hospital comarcal. Después de muchos años de trabajo técnico, obtuvo la plaza de coordinadora de enfermería que había quedado vacante por la jubilación de la persona que la ocupaba. En otras palabras, iba a ser la jefa de las que hasta entonces habían sido sus compañeras.

Las personas eran las mismas, los pacientes también, el hospital no había cambiado, pero rápidamente Mireia advirtió que las cosas ya no eran iguales. Y no por una cuestión de autoridad, sino porque desde su nueva función veía las cosas diferentes, se posicionaba de otro modo y, por tanto, se relacionaba de forma distinta. Estaba construyendo un nuevo rol que afectaría a los miembros de su equipo, que acabarían también por adaptarse relacionalmente de otra manera, algunos sin problema, otros con mayor dificultad.

Se necesita tiempo para construir un nuevo rol y unas nuevas relaciones que acaban por estructurarse y se convierten en vínculos estables. Estos roles y estos vínculos son los que reducen la libertad de elección en las relaciones.

También hay que tener en cuenta el factor más global, la cultura del hospital como institución, que limita las opciones de roles y vínculos que son aceptables en temas como el grado de formalidad, la obediencia, las posibilidades de manifestar el desacuerdo, y otros por el estilo.

Al comentar la subjetividad, ya he introducido la cultura como factor que condiciona nuestra libertad relacional, ya que limita las opciones de respuesta ante una situación concreta. Estamos ante un fenómeno que puede resultar paradójico: las personas creamos la cultura, que una vez creada limita nuestra capacidad para escoger nuestro comportamiento. El escritor escribe una novela que acaba por «crear» a su autor.

Las relaciones no son simples. Un nivel relacional básico es, por ejemplo, una conversación en una reunión social con una persona a la que no conocíamos antes. Existen unas reglas sociales que regulan la relación, pero solo en aspectos básicos que tienen que ver con la educación, la cortesía o cuestiones muy genéricas. A lo largo del día podemos tener muchas conversaciones con personas diferentes que serán más o menos agradables pero que son instrumentales (la conversación con un vendedor en una tienda) o bien pasatiempos sociales (la conversación en la reunión social a la que aludíamos).

Una relación entre dos personas es más compleja cuando ya tiene una historia que ha permitido generar un vínculo y unos roles. El vínculo es una forma estructurada de relación, por ejemplo, de confianza o desconfianza, de dependencia o de autonomía, de armonía o de conflicto. Los roles son definiciones del papel que debe jugar cada uno en el vínculo. Algunos vienen condicionados por factores externos, como los roles de hermano mayor y hermano menor, o de jefe y subordinado. Otros son más particulares, como persona racional y persona emocional, planificadora e intuitiva, u otras de este tipo. Hay que tener en cuenta que los vínculos y los roles se construyen simultáneamente, pero una vez creado el vínculo, los roles quedan bastante determinados para cada persona y condicionan su conducta, ya que influyen en el autoconcepto, necesidades e intereses de cada una.

Finalmente, la cultura delimita las fronteras de los vínculos y los roles mediante creencias o valores, y se manifiestan, por ejemplo, en los roles de género, en las normas sociales (tuteo o no con las personas mayores, por ejemplo) o en el uso de los diferentes canales de comunicación (presencial, teléfono o videollamada o redes sociales).

En resumen, hay relaciones que son muy espontáneas y libres, pero las relaciones más estables están condicionadas por los vínculos y los roles que han generado «rutinas relacionales», y finalmente por la cultura en la que se producen. Un ejemplo suficientemente claro es la influencia de una cultura patriarcal en la definición social de los roles de género, y de estos sobre el comportamiento individual en función de la pertenencia a un género u otro.

Cuestiones para reflexionar

Reflexiona sobre las siguientes cuestiones y comparte la reflexión con personas de tu confianza para conocer su opinión.

★ ¿Soy consciente de qué comunico cuando no digo nada?

★ ¿Diferencio mis opiniones de las argumentaciones?

★ Cuando una relación no va bien, ¿acepto mi parte de responsabilidad o culpo a la otra persona?

★ ¿Soy consciente de las «rutinas relacionales» (vínculos rígidos) que he ido construyendo con el paso del tiempo?

★ ¿Soy suficientemente consciente de que los humanos dependemos de la calidad de nuestras relaciones?

3.

Ecología preventiva: cinco elementos para crear un ecosistema relacional sano

Según la Wikipedia, la ecología es la parte de la biología que estudia las interacciones de los seres vivos entre ellos y con su medio. Es la biología de los ecosistemas. Y un ecosistema es un sistema natural que está formado por un conjunto de organismos vivos y el medio físico donde se relacionan, las relaciones que establecen entre sí estos organismos, las características físicas del lugar donde viven y las relaciones entre el medio y los organismos.

Si aplicamos estos conceptos en el mundo social podemos decir que la ecología relacional se dedica a estudiar las interacciones de las personas y los grupos, así como con su entorno social. La ecología relacional preventiva se ocupa, pues, de conocer las condiciones relacionales que crean un entorno que facilita relaciones sanas y sinérgicas. Lo contrario sería un ecosistema limitador, controlador, e incluso tóxico.

Ahora veremos el equivalente a las condiciones óptimas biológicas (temperatura, alimentos, agua) en un ecosistema social que favorecen que las personas que conviven encuentren en las relaciones un factor de crecimiento y bienestar. En otras palabras, si queremos unas buenas relaciones primero deberemos asegurar que estas condiciones están presentes en nuestro ecosistema. Recordemos cómo la cultura condiciona los roles y los vínculos, y estos limitan la autonomía relacional de las personas.

Ciertamente, se pueden dar relaciones sanas en entornos competitivos (por ejemplo, en algunas empresas) o incluso tóxicos, pero no es buena idea dejar en manos de la responsabilidad individual una cuestión que es colectiva y, por tanto, la construcción de ecosistemas sanos es un proyecto a realizar colectivamente, a nivel familiar, organizacional e incluso comunitario.

Las condiciones para construir un ecosistema relacional sano las podemos reflejar en el siguiente esquema:

Ver y ser visto

Historias de la vida cotidiana.
El nuevo de la clase

Martín, un joven inteligente y simpático de veinticinco años, rela-
ta una dolorosa experiencia que tuvo en el instituto durante sus
estudios de secundaria. Por razones familiares se mudó a otra
ciudad de residencia y, por tanto, a otro instituto, cuando cur-
saba segundo curso.

En la nueva clase los compañeros llevaban años estudian-
do juntos y los «grupos» estaban muy consolidados desde hacía
tiempo. El caso es que Martín no fue recibido con hostilidad. Lo
que recuerda es que era ignorado por el grupo: para sus compa-
ñeros de clase, «no existía». Recuerda especialmente cómo en
los partidos de fútbol que se jugaban durante el recreo nadie le
pasaba el balón, era como si él no estuviera allí.

Unas buenas relaciones no pueden construirse sobre la «no existencia» del otro, aunque con esto, evidentemente, no basta.

El nivel relacional más elemental es la presencia, ser conscien-te de que el otro está allí y saber que nosotros somos visibles para los demás. La invisibilidad relacional es una barrera para la crea-ción de un ecosistema sano. Si una persona se siente invisible de una manera no deseada, siente que está siendo excluida del gru-po. Es como si los demás le dijeran «no formas parte de nosotros, por eso no te vemos». Como decíamos en el capítulo anterior, no ver a la otra persona ya es un mensaje.

Es importante reflexionar sobre las personas a las que «no se ve», ya sea un pariente al que se saluda, y poco más, en las cele-braciones familiares, un compañero de trabajo con el que nos cru-zamos cada día pero del que incluso desconocemos el nombre o, peor todavía, personas con las que tenemos, o deberíamos tener, un contacto profundo, como sucede en algunas parejas y, sin embargo, las hacemos invisibles.

Pero si lo miramos desde otra perspectiva también podemos ver cosas interesantes. Cada persona puede optar por hacerse visible o invisible en determinados entornos. Depende de la confianza que se tiene en las otras personas, de la seguridad en uno mismo, del rol que se interpreta en aquella relación, etc. Ganar visibilidad tiene que ver con la capacidad de estar presente, es decir, de contactar con los demás, de escuchar y de expresar; en una palabra, de transmitir a los demás quiénes somos y qué queremos aportar a la relación.

Reconocer y sentirse reconocido

Historias de la vida cotidiana.
Y yo, ¿qué?

David era el hermano pequeño de dos. Toni, el mayor, era un chico de los que llamamos «problemáticos», y había tenido problemas desde la adolescencia, con abandono escolar, alguna época de consumo de marihuana y un grupo de amigos poco recomendable.

Los padres, como es natural, habían dedicado mucha atención, dedicación y esfuerzos a ayudar al hermano mayor. Afortunadamente, David era un niño que iba bien en la escuela y no traía problemas, «bastante tenían con el mayor».

Con el paso del tiempo, Toni fue encontrando el camino, y David, inconscientemente, sintió que había llegado el momento de reclamar toda la atención que no se le había prestado. Empezó a demandar protagonismo, se volvió exigente y, en ocasiones, incluso intolerante.

A veces obtenía reconocimiento negativo, pero él era el protagonista, y de eso se trataba.

En ocasiones es más fácil obtener reconocimiento negativo que positivo, y muchas personas aprenden que esta puede ser la vía más rápida para obtener la dosis necesaria de reconocimiento.

Sentirse reconocido es el segundo ladrillo para construir un ecosistema sano. En realidad, sentirse visible ya es el primer nivel de reconocimiento. Al sentirnos vistos recibimos un primer mensaje («te veo, sé que estás aquí»), pero el reconocimiento debe ir mucho más lejos.[9]

El reconocimiento incluye una valoración positiva de la otra persona. No solo es legítimo lo que hace, sino que, además, nos gusta que lo haga o cómo lo hace. No solo es legítimo que sea como es, sino que además nos hace sentir bien que sea así.

Está claro que también existe el reconocimiento negativo, la descalificación o la desvalorización, que precisamente generan un ecosistema crispado e inseguro. Pero recordemos que el ser humano necesita reconocimiento, y la carencia de reconocimiento positivo lleva, en ocasiones, a la búsqueda de reconocimiento negativo para evitar el aislamiento emocional. Este hecho explica algunas conductas que provocan tensión, que pueden resultar difíciles de entender y que podemos etiquetar imprudentemente. En todo caso, en un capítulo posterior hablaré sobre cómo expresar críticas de una manera sana.

Para resumir, podríamos diferenciar tres niveles de reconocimiento:

❶ Ser consciente de la presencia de la otra persona.

❷ Valorar positivamente lo que dice o hace.

❸ Valorar incondicionalmente a la otra persona (mostrar estima por ella).

---

9. Este apartado sigue la teoría de las caricias psicológicas, de Eric Berne.

Respetar y ser respetado

Historias de la vida cotidiana.
La fundadora y la sucesora

Marisa había impulsado y dirigido durante veinte años una fundación creada por ella con finalidades sociales. A causa de la edad, había llegado el momento de la sucesión. Ana, la persona escogida para sustituirla, con la aprobación de Marisa, era más joven y conocía bien la fundación, pues había sido una estrecha colaboradora de Marisa durante los últimos años.

En poco tiempo se hizo evidente que Ana no dirigiría la fundación de una manera continuista. Bien pronto empezó a realizar cambios, primero en el organigrama interno, y después externos, respecto al patronato y a las relaciones con la Administración, entre otros. Marisa, que continuaba en el patronato de la fundación, sentía que Ana la estaba desvirtuando, y que sus decisiones tenían la finalidad de borrar cualquier rastro de la anterior manera de funcionar.

Sentía que no se respetaba todo lo que ella había aportado a la fundación, incluso que en las reuniones del patronato no era bienvenida.

Muy cercano al reconocimiento se encuentra el respeto, que tiene que ver con la aceptación y la consideración positiva, la apreciación de las conductas, opiniones, creencias e, incluso, la identidad de las otras personas. En la historia de la vida cotidiana que acabamos de ver debemos destacar que no es incompatible cambiar la fundación y respetar la tarea realizada. Honrar el legado de los antecesores es una buena forma de encarar los cambios de futuro.

En talleres sobre temas relacionales, antes de hacer un ejercicio práctico, cuando solicito a los participantes qué principios quieren que regulen sus relaciones, inevitablemente el respeto aparece en la lista. Sentirse respetado es un bálsamo para la autoestima y una vacuna ante el conflicto.

El respeto tiene mucho que ver con la aceptación, bien diferente de la tolerancia. Respetar a alguien implica darle legitimidad por estar allí, por hacer lo que hace o por ser quien es, aunque no se comparta su opinión o posición. La situación contraria nos conduce a la sensación de descalificación e, incluso, de rechazo.

La tolerancia implica una posición de superioridad sobre la otra persona. No la aceptamos, pero «generosamente» le damos permiso para decir lo que dice, o para hacer lo que hace. Es una reacción de permisividad. Es mejor que el rechazo, pero difícil de mantener mucho tiempo, porque la otra persona no la aceptará cómodamente, ya que se trata de una especie de aprobación condicional.

Como veremos en el capítulo dedicado al conflicto, tras este, muchas veces las personas sienten que no son respetadas cuando discrepan, incluso experimentan que sus propias necesidades no son valoradas.

Vínculos de confianza

Historias de la vida cotidiana.
¡Mira que me voy!

Eva y Marta eran una pareja que se quería y deseaban construir un proyecto en común, pero el trabajo de Eva (viajes, horarios inacabables, poca desconexión digital) había provocado discusiones que a menudo acababan con la advertencia de Marta de que no veía clara la idea de vivir juntas y se retiraba unos días a su apartamento.

Para Eva estas reacciones eran el origen de mucha ansiedad. Tenía la sensación de que algún día la «amenaza» sería cierta y la relación se acabaría. Intentaba evitar las discusiones, pero su trabajo empezaba a ser un «rival» para Marta,

aunque esta no se sentía con el derecho de pedir que busca-
ra un trabajo más tranquilo. La realidad es que la desconfian-
za estaba perjudicando la relación. También para Marta, que
sentía que Eva dudaba de que ella quisiera realmente compar-
tir con ella su vida.

Como hemos visto al hablar de la incertidumbre, la confianza es un sentimiento que experimentamos cuando el entorno es predecible y va muy asociada a la seguridad. En las relaciones humanas, otorgamos confianza a una persona cuando la experiencia nos dice que esta cumple los acuerdos, es fiable y rigurosa en lo que hace, y fiel a los compromisos que adquiere.

Todos sabemos que es un sentimiento frágil, que exige tiempo para construirse, pero sin embargo puede romperse muy fácilmente. Solo es necesario que la otra persona «nos falle» en una situación trascendente para nosotros para que la confianza se rompa. Esto es así porque nuestros sistemas de alerta requieren pruebas suficientes para fiarse, y esto precisa tiempo, pero se activan muy rápidamente cuando alguna situación imprevista del entorno puede ser potencialmente peligrosa. Ante la inseguridad, la confianza se diluye y puede costar reconstruirla.

La confianza es, por tanto, un sentimiento básicamente relacional, y su génesis y mantenimiento también lo son. Una buena gestión de la confianza pasa por conocer qué necesita la otra persona para sentirse segura, no se puede decidir unilateralmente. Muchas veces damos por sobreentendido qué significa ser fiable, y podemos cometer el error de considerar que la otra persona necesita lo mismo que nosotros.

También es importante saber qué hacer cuando, a pesar de todo, el vínculo de confianza se rompe. Una buena opción es pedir disculpas, pero de manera consistente y sincera, como se propone en el capítulo 6.

Saber discrepar sin conflicto

Historias de la vida cotidiana.
La asamblea de vecinos

La asamblea de vecinos había transcurrido como siempre, con momentos de aburrimiento y momentos de debate más o menos acalorado. Al llegar el momento de abordar los temas económicos, el ambiente cambió. Uno de los propietarios, una persona de edad, tenía deudas con la comunidad, y explicó que no le era fácil ponerse al corriente de los pagos de forma inmediata. Al oírlo, otro propietario saltó: «Este es su problema, yo bien que pago, como todos, o sea que ya está buscando el dinero».

Aquí tenemos un ejemplo de discrepancia mal gestionada. Es obvio que todos los propietarios estaban obligados por igual, y que la deuda debía ser saldada, pero para llegar a un acuerdo hay que respetar la situación de la otra persona, y no cuestionar su sinceridad.

Discrepar bien nos lleva al respeto. Es muy importante darse cuenta de que discrepar no es incompatible con respetar. Es más, para discrepar sin llegar al conflicto, el respeto mutuo es una necesidad.

En un mundo que sabemos que es complejo y con verdades universales improbables, resulta muy importante saber discrepar, discutir sin que ello crispe la relación y acabe en conflicto. El arte del diálogo en el que podemos debatir con respeto a pesar de las diferencias es básico en un ecosistema sano. A finales del siglo XIII, Ramon Llull ya nos aconsejaba: «En el diálogo quien reconoce verdad no es vencido, sino que aprende».

En la historia de la vida cotidiana que encabeza este apartado tenemos dos posiciones que discrepan, ambas legítimas. Debemos ser conscientes de que el conflicto no es inevitable, aparecerá según lo que hagamos con la discrepancia.

Una característica de un ecosistema relacional sano es la capacidad de aprovechar las diferencias como motor de crecimiento. En los ecosistemas relacionales competitivos y tensionales, la discrepancia, por el contrario, conduce al conflicto.

Para conseguir este objetivo debemos recordar dos consideraciones:

1 Debemos diferenciar entre llegar a acuerdos puntuales y estar de acuerdo en todo (consenso). Obsesionarse con el consenso puede llevar a tensiones, o bien a simular los consensos para mantener una cierta estabilidad relacional.

2 Manejar las discrepancias sin riesgo solo puede hacerse sobre la base de una relación afectiva basada en el respeto, la confianza y la colaboración. La discrepancia combinada con el miedo, la desconfianza o la agresividad nos lleva al conflicto.

Cuestiones para reflexionar

Reflexiona sobre las siguientes cuestiones y comparte la reflexión con personas de tu confianza para conocer su opinión.

★ ¿Hay personas a las que «no veo»?

★ ¿Acostumbro a ser una persona confiable?

★ ¿Doy reconocimiento a menudo o soy avaro en esto?

★ ¿Sé discrepar sin generar tensión?

★ ¿Soy suficientemente consciente de que los humanos dependemos de la calidad de nuestras relaciones?

4.

Las relaciones en un mundo digital

as relaciones son un acto comunicativo estructurado. Como tal, se componen de los actores en interacción y de los canales relacionales por los que se produce la comunicación. Sabemos también que el canal afecta al mensaje. Hablar de las relaciones en el mundo digital nos lleva a reflexionar sobre el impacto que tiene el canal sobre las relaciones humanas.

En un libro de 2015, el periodista Andrew Keen[10] planteó que, más que la respuesta, internet era la pregunta central sobre el mundo del siglo XXI. Keen plantea que internet es excelente para los consumidores, pero presenta más interrogantes para los ciudadanos. Y por lo ocurrido en los años que han transcurrido desde la publicación del libro, si consideramos la tendencia monopolística de las grandes empresas tecnológicas, podríamos añadir algunos interrogantes a la primera parte de su afirmación. En cualquier

---

10. Keen, A.: *Internet no es la respuesta.*

caso, el impacto de la digitalización en nuestras sociedades, como decíamos, no es neutro para las relaciones entre las personas, que se verán influidas, inevitablemente, por el mundo digital.

Por falta de perspectiva histórica, es difícil aún visualizar cuál será este impacto, pero ya podemos comenzar a intuir hacia dónde nos dirigimos.[11] Y lo podemos hacer a dos niveles: valorando las relaciones que se producen en un entorno digital y el impacto de este en los hábitos relacionales.

La comunicación digital

En realidad, las relaciones que no son cara a cara ya hace siglos que existen, gracias al correo postal, al teléfono, que existe desde hace ya un siglo, y al correo electrónico, que utilizamos desde finales del siglo xx.

Las principales redes sociales también hace un tiempo que existen, no son creaciones de ayer. Así, por ejemplo, Facebook está operativa desde 2004, YouTube, desde 2005, y X como Twiter apareció un año más tarde. Pero es que Instagram, que nos suena más actual, empezó en 2010, y TikTok empezó a funcionar en la China en 2016.

También las principales aplicaciones de mensajería tienen una cierta antigüedad: WhatsApp empezó el año 2009 y Telegram, el 2013. Las de videoconferencia, más o menos lo mismo: Skype apareció en 2003 y Zoom, en 2012, por citar algunos ejemplos bien conocidos.

Por tanto, ya podemos empezar a ver algunos efectos de todo ello, especialmente debido al mayor peso que tiene el mundo digital en la vida relacional de las personas, sobre todo entre los jóvenes y

11. Un excelente resumen de las tendencias tecnológicas actuales lo hace Jordi Sellas, director ejecutivo de Ideal Centre d'Arts Digitals en esta conferencia de 2022: https://www.youtube.com/watch?v=h1IZUaMUJQI

también después de escenarios como los provocados por la covid-19. Debemos recordar que este impacto no surge solo por la existencia de las redes sociales, sino por el hecho de que las llevamos encima todo el día. El cambio relacional es consecuencia de la existencia del canal de comunicación (las redes), pero también de la facilidad de acceso a ellas (el móvil).

La primera constatación que se puede hacer es el desplazamiento hacia la simplificación y la asincronicidad de los mensajes. Una conversación cara cara (y en menor medida telefónica) implica un intercambio de mucha información (verbal o no) y un proceso de intercambio inmediato de estímulo-respuesta. Estas características se pueden mantener sustancialmente en las videoconferencias, pero empiezan a cambiar si nos acercamos a las aplicaciones de mensajería, que están sustituyendo entre la juventud a los correos electrónicos (restringidos a temas profesionales) y también a las llamadas telefónicas. Incluso, para muchos jóvenes, una llamada telefónica, sin preaviso por mensajería, es poco oportuna.

La reducción de información en los mensajes empobrece la comunicación y, por tanto, genera relaciones más superficiales, aunque los mensajes escritos se acompañen de emoticonos que constituyen en este contexto los aspectos no verbales de la comunicación. De hecho, se están creando códigos nuevos, ya que un grupo social (por ejemplo, la juventud) otorga un significado a cada emoticono o a la manera de escribir (uso de mayúsculas, repetición de vocales…). Los *likes* se han convertido en la unidad de medida del interés de otras personas.

Por descontado que la creación de estos códigos puede dificultar la comunicación entre grupos sociales distintos, si bien este fenómeno también sucede en la comunicación cara a cara si pensamos en el argot que cada generación crea para diferenciarse de la anterior.

La asincronicidad permite más reflexión en la comunicación, pero también resta espontaneidad relacional. La primera consecuencia puede ser positiva, como todos hemos vivido pensando y repensando un mensaje antes de enviarlo. La segunda es la menor frescura y autenticidad. No hay fórmulas óptimas, se trata de un equilibrio que en cada caso puede decantarse hacia un lado o hacia el otro. Pero en momentos relacionales en los que los matices y la comunicación no verbal sean importantes, es recomendable una comunicación más presencial que digital. Afrontar un conflicto por mensajería no es la mejor idea. [12]

Otra consideración a tener en cuenta es la diferencia generacional que puede dificultar seriamente las relaciones familiares o en el mundo del trabajo. Es importante un diálogo intergeneracional para clarificar marcos de referencia, evitar malentendidos y buscar acuerdos satisfactorios. Los habituales grupos familiares de WhatsApp o los programas de gestión de la diversidad generacional en las empresas son buenos ejemplos.

Si observamos las relaciones en las redes sociales veremos un tipo de relación nuevo, que podemos definir como difuso (los mensajes tienen muchos destinatarios) y muy unidireccional (con poca respuesta). Aparece también el fenómeno de la identidad digital que cada persona quiere transmitir al seleccionar qué fotos sube a Instagram o qué comentarios hace en X.

Estas son relaciones blandas, superficiales, con unas respuestas rutinarias (los «me gusta»), simplificadas (emoticonos) o muy estereotipadas (los comentarios breves a las fotos que se suben sobre el último viaje de vacaciones en una playa paradisíaca). Sin embargo, permiten transmitir una cantidad de información antes impensable, y un intercambio que, si bien en sí mismo es pobre, mantiene vínculos activos con muchas personas («contactos»). Como resume muy acertadamente el especialista en procesos participativos Amalio Rey, «el modo en que estamos usando las tecnologías

---

12. Hay temas que es mejor abordar presencialmente. Un estudio de las universidades de Columbia y Stanford concluye que la calidad del trabajo en las reuniones presenta resultados bastante similares si son virtuales o presenciales, excepto en un caso: la generación de ideas creativas es mucho más rica en el mundo presencial (*El País*, 27 de abril de 2022).

digitales acerca a las personas que están lejos, pero distancia a las que están cerca».[13]

También aquí, como era de esperar, encontramos aspectos positivos y negativos.

Esta dualidad nos advierte de un mundo con más posibilidades relacionales que nos ofrecen nuevas oportunidades, y también comportan nuevos riesgos. Es cierto que algunas redes sociales pueden generar comportamientos narcisistas, que pueden generar dependencia del reconocimiento (especialmente entre los jóvenes) o que X puede contribuir a radicalizar posiciones ideológicas y fomentar el conflicto, en parte por la agrupación de opiniones homogéneas que realizan los algoritmos y en parte por las limitaciones que tiene un canal tan frío como es una red digital para un debate profundo. También lo es que el mundo digital favorece el ciberacoso o el control social. Pero no podemos olvidar que todas estas disfunciones ya existían en el mundo físico.[14]

No obstante, también es cierto que el mundo digital nos abre espacios relacionales globalizados que posibilitan un contacto diario con personas de todo el mundo, que permiten disponer de fórums para debatir con personas diversas y crear espacios de diálogo constructivo. Plantear el mundo digital como alternativa al mundo físico es un error, pero el mundo relacional digital amplía nuestras capacidades relacionales. De lo que se trata es de encontrar el canal relacional adecuado para cada finalidad.

_____

13. Amalio Rey: *El libro de la inteligencia colectiva* (pág. 160).
14. Las noticias en los medios sobre los efectos negativos de las redes en la juventud no nos deben hacer olvidar que antes de las redes ya existían problemas como la anorexia o la no aceptación del propio cuerpo. Sirvan como ejemplo las siguientes noticias publicadas: «La imagen corporal y las redes sociales: pueden ser muy destructivas» (*La Vanguardia*, 16 de abril de 2022); «Víctimes d'Instagram» (*Ara*, 26 de septiembre de 2022). En todo caso, las redes pueden aumentar el riesgo, pero no son la causa.

La digitalización de las actividades cotidianas

Más allá de la presencia de los canales digitales en los procesos de comunicación, también resulta interesante reflexionar sobre la digitalización de las diferentes actividades que realizamos diariamente.

Me refiero al consumo audiovisual por *streaming* en lugar de en las salas de cine, o de conciertos, las compras *online*[15] de cualquier tipo de producto (incluidos los alimentos cocinados) o los videojuegos competitivos en línea contra rivales de todo el mundo.

Todas estas actividades tienen en común un aumento de la privatización y la individualización, en detrimento de las actividades sociales y comunitarias cercanas. Estos espacios digitales priorizan la libertad de elección, la eficiencia en el uso del tiempo y la no aceptación de limitaciones: podemos tener acceso a los productos y espectáculos de todo el mundo, cuando queremos y donde queremos. Este hecho implica un empobrecimiento relacional para algunos expertos, como es el caso de Robert Waldinger, estudioso del impacto de las relaciones en la salud, que ha llegado a afirmar en una entrevista reciente que «el declive de la vida social empezó en los años cincuenta con la introducción de la televisión en los hogares. Pero en 2005 hubo un gran derrumbe en nuestra actividad social por el uso de las redes sociales».[16]

La digitalización afecta a esferas relacionales muy íntimas, como son las relaciones sexuales. La proliferación del *sexting* (intercambio de imágenes y vídeos sexuales propios) entre la gente joven, o el aumento del consumo de pornografía (no solo entre la gente

---

15. Según el Institut d'Estadística de Catalunya (Idescat), en diciembre de 2021 el 59,7% de la población catalana (de entre 16 y 74 años) había hecho alguna compra a través de internet. Como era previsible, los más jóvenes utilizan más este medio que las personas mayores.
16. Entrevista realizada por Ima Sanchís publicada en *La Vanguardia* el 22 de agosto de 2023.

joven) puede estar cambiando nuestra cultura relacional. Esta privatización ofrece, además, una mayor seguridad en la construcción de una relación más íntima.

En ocasiones, la seguridad también va ligada a la distancia o a la sensación de impunidad que ofrece el mundo digital, como en el caso del *ghosting*, que podríamos traducir por «esfumarse» y que consiste en cortar la relación con una persona no respondiendo a los mensajes, dejando de seguirla en las redes sociales o «bloqueándola» (impidiendo el contacto). Las redes sociales multiplican el efecto de «no ponerse al teléfono» del mundo físico.

También tenemos acceso al conocimiento de todo el mundo, ya no necesitamos expertos si tenemos «tutoriales» en YouTube, podemos realizar búsquedas en Google o pedir ayuda al ChatGPT para realizar tareas hasta ahora consideradas muy humanas por su contenido emocional y relacional, fenómeno que se está acelerando últimamente. Incluso podemos tener el *influencer* favorito que nos aconseja sobre las últimas tendencias.[17]

Las ventajas son claras, pero, como siempre, también hay efectos secundarios, en este caso en forma de pérdida de espacio social y comunitario cercano y conocido, como eran el bar y las tiendas del barrio. El espacio relacional ya no es la plaza del pueblo, sino un club privado y personalizado, si se me permite la metáfora.

Parece claro que la tendencia es vivir en espacios mixtos, digitales y físicos, como se puede observar en dos de las actividades más importantes en nuestra sociedad, como son la búsqueda de pareja y el trabajo.

Se han realizado estudios muy interesantes sobre cómo se conocen las personas que acaban por formar pareja. Uno de estos estudios

---

17. La digitalización de la vida cotidiana es el tema, en clave distópica, de la novela del autor alemán Marc-Uwe Kling, en la que describe con sentido del humor la vida en un país llamado Quality Land (que da título a la novela), en la que la injerencia digital en la vida de los protagonistas es constante. Editada en castellano por Tusquets en 2020.

realizado en los Estados Unidos por la Universidad de Stanford y en parejas heterosexuales[18] ofrece los resultados siguientes:

Lugar donde se conocen	1995	2017
Amigos	33 %	20 %
Bares y restaurantes	19 %	27 %
Trabajo	19 %	11 %
Escuela o universidad	19 %	9 %
Familia	15 %	7 %
En línea	2 %	39 %

Este carácter mixto queda patente en la tabla anterior, en la que se observa que, desde el inicio de la generalización de las herramientas digitales a mediados de los años 90 (con el correo electrónico y Google poco después) hasta 2017, disminuyen los ámbitos tradicionales en los que encontrar pareja (amigos, trabajo, centros educativos y familia) y aumentan los dos espacios de socialización actuales, los bares y los espacios digitales.

Desde principios del siglo XXI abundan las aplicaciones para encontrar pareja o simplemente para concertar citas sexuales. Aplicaciones como Meetic o Tinder tienen millones de usuarios (con algún susto sobre la confidencialidad, como pasó con Tinder

---

18. Survey (Stanford University): «How couples meet and stay together», en una muestra de 5.421 adultos (2017).

en 2014) y muchas veces son utilizadas como filtro previo antes de concertar una cita en el mundo físico. Una vez más se trata de tener el máximo número de alternativas en el menor tiempo posible.

Si observamos qué pasa con el teletrabajo, podemos ver una tendencia similar, acelerada por las restricciones establecidas por la pandemia provocada por la covid-19. Los datos referidos a 2021[19] en cuanto a la población ocupada se pueden ver en la tabla siguiente:

Situación en el 2021	
Han hecho teletrabajo	24,3 %
No han querido hacer teletrabajo a pesar de que podían haberlo hecho	8,4 %
La empresa no ha implantado el teletrabajo, aunque la tarea lo permitía	4,7 %
El trabajo no permite el teletrabajo	61,7 %

El teletrabajo presenta claras ventajas por el ahorro de tiempo en desplazamientos, la disminución de la emisión de gases y, en según qué condiciones, por la ayuda a la conciliación familiar (con diferencias de género evidentes). También presenta limitaciones debidas a la necesidad de equipos informáticos, a problemas de ciberseguridad y, especialmente, a la pérdida de la comunicación informal, de las relaciones con los compañeros y del sentimiento de pertenencia. También produce cansancio por el exceso de

---

19. Datos del Idescat referidos a Cataluña.

videoconferencias. Tampoco, en este caso, las cosas son de color blanco o negro.

El futuro, que en parte ya es presente, no sabemos cómo será, pero con seguridad será híbrido. No será un mundo con personas aisladas que casi no salen de casa y con una vida social muy restringida (como han descrito algunas novelas de ciencia ficción distópicas), ni un retorno a un pasado idealizado de contacto humano cercano y cálido, que, si existió alguna vez, no volverá. Lo que sí podemos constatar es una progresiva tendencia hacia la privatización y formalización de las relaciones. Hemos pasado de la posibilidad de presentarse, sin previo aviso, en casa de un amigo, a llamar por teléfono para informar de nuestra intención y a, finalmente, enviar un mensaje para preguntar si es un buen momento para llamar por teléfono.

En un interesante artículo[20] escrito desde una perspectiva multidisciplinaria, Núria Oliver (doctora en Inteligencia Artificial), Cecilia Castaño (doctora en Economía) y M.ª Ángeles Sallé (doctora en Ciencias Sociales) se preguntan «por qué querríamos, como sociedad, desarrollar un mundo virtual en el que pasar la mayoría de nuestra vida enganchados a una pantalla». Las autoras encuentran cinco motivos para no hacerlo: evitar la desigualdad económica, consumir menos energía, no perjudicar a la salud pública, dar una mejor respuesta a las problemáticas sociales (la digitalización dificulta las respuestas a los grandes retos sociales como la pobreza o el cambio climático)[21] y, finalmente, evitar el control de las empresas tecnológicas sobre las vidas de la ciudadanía. En relación con este último riesgo, en otro artículo[22] se argumentan los riesgos de manipulación emocio-

---

20. «Menos meta y más con: cinco motivos para cuestionar el metaverso» (*El País,* 25 de agosto de 2022).

21. Steven Spielberg plantea una sociedad bajo el control de la realidad virtual en su película de 2018 *Ready Player One.*

22. Artículo de Rand Waltzman, publicado en el diario *The Washington Post* el 22 de agosto de 2022 y traducido al catalán en el diario *Ara* del 3 de septiembre de 2022.

nal que posibilita el metaverso al servicio de los productos de consumo o de la propaganda política gracias a su capacidad de personalizar el mensaje.

La realidad virtual también abre nuevas maneras de tomar conciencia de cómo nos relacionamos y qué roles nos permitimos. Laura Aymerich-Franch, investigadora en la Universidad Autónoma de Barcelona, se ha especializado en el impacto de las tecnologías digitales en la salud mental y en las posibilidades de cambios de comportamiento ocasionados por la realidad virtual. Una de las conclusiones a las que llegó en una investigación realizada cuando estaba en la Universidad de Stanford, en California, fue que el avatar que escogemos (y su apariencia) para movernos en el mundo digital condiciona nuestro comportamiento, tanto en el mundo digital como fuera de él. [23]

Sin embargo, no podemos equiparar a una persona con su avatar, ni una reunión en realidad virtual con una reunión presencial. Tampoco debemos olvidar el aumento de control social que implica vivir la vida ante una cámara permanentemente.

Es un mundo relacional que hay que construir, cada canal presenta ventajas e inconvenientes, y necesitamos encontrar el espacio para cada canal. Los metaversos a corto plazo seguirán siendo realidad virtual, por más tecnología que incorporen, pero son útiles para abordar problemas psicopatológicos, para mejorar los programas educativos, para viajar sin salir de casa, para disfrutar de experiencias que en el mundo físico resultan improbables o peligrosas, o para ser utilizados como entorno de videojuegos, al margen de ser un lucrativo negocio para los promotores de las plataformas. [24]

A pesar de los riesgos, estamos normalizando rápidamente estas situaciones. Por ejemplo, las reuniones de trabajo por

---

23. Entrevista a Laura Aymerich-Franch, por Xavi Aguilar (*El Punt Avui*, 15 de octubre de 2023).
24. La empresa Meta, que está desarrollando el metaverso, es la propietaria de redes como Facebook, Instagram y WhatsApp, y ya facturaba en 2021, antes de su nuevo producto, casi ciento veinte mil millones de dólares.

videoconferencia muchas veces quedan grabadas para que las personas que no han podido asistir dispongan de un acta fiel de los acuerdos. Pensemos cómo reaccionaríamos si las reuniones presenciales se grabaran. Entre otras consecuencias, muchos asistentes se reservarían algunas opiniones que pudieran ser delicadas.

Las relaciones digitales y físicas convivirán, y deberemos ser hábiles en los dos mundos. Algunas habilidades serán compartidas, otras serán específicas de cada mundo.

Para acabar, propongo una primera aproximación con algunas recomendaciones para este mundo relacional del futuro, que ya es presente:

▶ Determinar los espacios relacionales físicos y digitales en función del balance entre ventajas e inconvenientes para cada situación relacional.

▶ Mantener un equilibrio entre ambos tipos de espacios (renunciar por entero a uno o a otro no es buena idea).

▶ Necesitamos tanto de la personalización e individualización como de la creación de espacios sociales y comunitarios para desarrollar todas nuestras capacidades como seres humanos.

▶ Los dos espacios pueden ser complementarios, como hemos visto en los casos de la búsqueda de pareja y del teletrabajo.

▶ Las relaciones presenciales deben ser prioritarias cuando los procesos de socialización sean fundamentales (equipos de trabajo, grupos de aprendizaje). Cuando el contenido informativo de la relación sea la parte más importante, los canales digitales tienen claras ventajas.

▶ En la medida en que la situación relacional sea más compleja, más necesaria es la relación cara a cara que permite más información, más flexibilidad y más empatía. Una mirada o una sonrisa nos impactan más que muchos «me gusta» de una red social.

▶ No utilizar la realidad virtual como escapatoria ante una realidad física poco satisfactoria.

▶ Trabajar colectivamente para regular el control (económico, político, social) exhaustivo que implica una sociedad digitalizada.

SEGUNDA PARTE:
Cómo mejorar las relaciones

5.

Cinco habilidades relacionales básicas

Hasta ahora hemos visto la importancia de tener unas buenas relaciones, los fundamentos consustanciales a estas y algunos principios relacionales básicos de un ecosistema sano. Ha llegado el momento de descender hacia lo concreto y empezar a ver cómo podemos contribuir individualmente a tener unas relaciones más satisfactorias.

La primera recomendación es muy directa: si queremos mejorar una relación debemos cambiar nosotros, no esperar que cambie la otra persona. Como decía el psicólogo Paul Watzlawick, de quien ya he hablado, quien se siente mal es quien vive el problema y, podemos añadir, es quien debe hacer alguna cosa. ¿Qué quiere decir esto? Veamos el caso siguiente.

El caso de Pablo y Paula

Hace días que Pablo cree que Paula, su pareja, está irritable y «salta» por cualquier cosa. Él, para no contribuir a que la situación empeore, intenta evitar conversaciones que pueden ser delicadas, y se dedica a mirar su serie favorita en su ordenador.

Pablo piensa que la conducta de Paula es la que le obliga a retirarse prudentemente. Está claro que Paula es la responsable de la situación.

Pero imaginemos que le preguntamos a Paula por su comportamiento y su respuesta es que, cuando llega a casa cansada de trabajar y se encuentra a Pablo mirando como un bobo su ordenador, se pone de mal humor. Ella necesita atención y, claro, Pablo es el causante de su malestar.

Tenemos una tormenta perfecta: dos personas que se sienten mal culpan a la otra de lo que sucede y no hacen nada para solucionarlo, solo esperar que sea la otra persona la que cambie.

El caso de Pablo y Paula nos refleja una situación bastante frecuente. Para desbloquear la situación sería necesario que cualquiera de los dos, o aún mejor, los dos, siguieran un proceso muy fácil de decir pero que exige compromiso y un cierto valor.

El primer paso es detenerse para tomar conciencia profunda de lo que está pasando. Se trata de tirar del hilo del malestar, el aislamiento de Pablo y el mal humor de Paula, para comprenderlos mejor. Así, Pablo podría ver que el aislamiento es consecuencia del miedo que tiene de enfrentarse al problema, y Paula podría entender qué necesidades no siente cubiertas cuando llega a casa (atención, comprensión, afecto) y que originan su agresividad.

A continuación, debemos responsabilizarnos de la reacción. Hemos visto que ambos se atribuían la culpa simultáneamente; de este modo, la solución queda en manos del otro y, por tanto, requiere un cambio. Debemos responsabilizarnos porque el aislamiento o el mal humor no son las únicas respuestas posibles y, por tanto, si cada uno de ellos ha «optado» por esta respuesta, no pueden atribuir la responsabilidad a la otra persona. Por ejemplo, podría pasar al revés, Pablo podría haberse enfadado en lugar de aislarse, o Paula podría haberse aislado en lugar de enfadarse. Recordemos el papel de la subjetividad que he comentado en el capítulo 2. Todos sabemos de la existencia de nuestros derechos, pero también deberíamos redactar la declaración de las responsabilidades humanas que interpelan a todo el mundo.

Finalmente, hay que actuar. Pablo y Paula quieren estar juntos, pero con las buenas intenciones no basta. Para actuar disponemos de las cinco habilidades relacionales básicas que se comentan a continuación. [25]

Este ha de ser un proceso bidireccional. Es decir, la mirada debe oscilar poniendo el foco alternativamente en uno mismo y en la otra persona:

MIRARSE
Autoconciencia
Responsabilidad
Acción

MIRAR AL OTRO
Conciencia del otro
Comprensión de su comportamiento
Confirmación

Mirarse exclusivamente puede parecer muy positivo, y está muy bien visto por la cultura de la autoayuda, pero puede acabar por desconectarnos de los demás. Mirar solo a los otros puede ser tranquilizador, pero acaba por generar victimización, ya que se ubica la causa de todos los problemas fuera de nosotros o, alternativamente, se acaba con un resentimiento crónico.

———
25. Desde una perspectiva cercana a la que presentamos en este libro, recomendamos consultar el libro de Joan Quintana y Arnoldo Cisternas *Relaciones poderosas* (2014), especialmente el capítulo 6 sobre las cinco acciones relacionales.

Como veremos en los apartados siguientes, la mejora relacional se fundamenta en la alternancia de miradas, hacia dentro y hacia fuera, hacia uno mismo y hacia el otro. Como escribió, hace ya muchos años, Daniel Goleman en su *best seller La inteligencia emocional* hablando de las emociones: «El secreto [...] para llegar a dominar el arte de las relaciones consiste en el desarrollo de dos habilidades emocionales fundamentales: el autocontrol y la empatía» (1996, pág. 186). Es decir, en nuestras palabras: mirada hacia uno mismo y mirada hacia la otra persona.

Veremos ahora una historia en la que los dos protagonistas no practicaron ninguna de las cinco habilidades que veremos a continuación. Puedo avanzar que el resultado no es muy satisfactorio.

Historias de la vida cotidiana.
Los relatos que no se encuentran

Los desencuentros y conversaciones tensas entre Pedro, fundador de una empresa de comercialización de productos de alimentación, y su hija Isabel iban en aumento. Pedro quería ir delegando la dirección en su hija y pensaba en la jubilación, pero no consideraba que su hija estuviera suficientemente preparada. Isabel creía que, en realidad, su padre no pensaba jubilarse, y que lo que pretendía era seguir mandando y traspasarle las tareas más rutinarias.

Existían dos relatos contrapuestos, y los dos protagonistas intentaban imponer el suyo como la «realidad» de lo que pasaba: para Isabel, el dilema se centraba en la desvalorización y desconfianza del padre, y para su padre, era el temor a que su hija tomara alguna decisión equivocada o que implantara cambios que hicieran olvidar todo lo que él había construido durante treinta años.

En una situación así queda clara la importancia de las habilidades que se resumen a continuación: la escucha, la asertividad, la pregunta, pedir y ofrecer. Una vez leídos los apartados siguientes, el lector puede regresar a la historia e imaginar qué hubiera cambiado si Pedro e Isabel las hubieran practicado desde el inicio.

La voluntad de escuchar para comprender al otro

 Si no comprendemos al otro, ¿en qué nos basamos para responder?

Escuchar a la otra persona nos permite entender por qué hace lo que hace (o no hace) o por qué dice lo que dice (o no dice). Escuchar va más allá de parar la oreja y dejar que las ondas sonoras lleguen a nuestro tímpano.

Escuchar implica indagar sobre la forma de pensar de los demás, sobre lo que sienten y les preocupa. Debemos prestar atención a lo que dicen, a cómo lo dicen y a lo que no dicen. Si, a pesar de todo, no queda claro lo que quiere o necesita la otra persona, podemos repetir lo que hemos comprendido, y preguntar si es realmente lo que el otro nos está queriendo decir.

Al escuchar podemos cometer muchos errores. Podemos simular que escuchamos, pero en realidad estar ausentes y pensando en otras cosas (con el riesgo de que nuestro interlocutor lo note). O podemos escuchar solo aquello que confirma nuestra postura, porque nos cuesta escuchar algo diferente. Muchas veces estamos más pendientes de responder o rebatir que de escuchar. Incluso podemos estar convencidos de que «ya sabemos lo que dirá la otra persona» y desconectarnos. En cualquiera de estos casos no hay escucha real y, por tanto, dificultamos la comprensión de nuestro interlocutor.[26]

26. Una cómica versión de «no escucha» y del papel de los prejuicios llevados al límite la tenemos en una escena de una antigua película de los hermanos Marx (*Sopa de ganso*) dirigida por Leo McCarey en 1933 que se puede ver en el siguiente enlace: https://www.youtube.com/watch?v=sW3OiPM8s6k

La escucha implica estar presente en el aquí y el ahora, estar implicado en la conversación, mirar hacia dentro y ser conscientes de la importancia que tiene para nosotros comprender bien a la otra persona.

Lo he resumido en el cuadro siguiente:

	Escucha profunda	Escucha deficiente
Objetivo	Comprender lo que nos dice la otra persona y, óptimamente, los motivos que tiene para decirlo Comprender cómo se siente la otra persona	Seleccionar lo que confirma lo que «ya sabemos» Escucha superficial del «qué» perdiendo el «cómo» y el «porqué»
Actitud	Respetuosa, con atención y concentración	Crítica, dispersa, distraída
Gestos	Expresiones y gestos que transmiten interés y atención	Expresiones de disgusto, irónicos o que cuestionan lo que la otra persona dice, impaciencia
Consecuencias	Construcción de un vínculo relacional sano, disponer de información para dialogar de forma consistente	Refuerzo de los prejuicios y opiniones establecidas, incomprensión, debilitamiento del vínculo relacional

El derecho a expresarse (asertividad)

 Si renuncio a ser yo, la relación será una cadena para mí, y puede acabar en resentimiento hacia la otra persona.

La asertividad es la capacidad de expresar los pensamientos, las necesidades y las emociones de manera libre y clara, y de forma adecuada y oportuna según la persona destinataria y la situación. Es una manifestación de respeto hacia uno mismo y hacia los demás. Significa ser coherente entre lo que tenemos en nuestro interior y lo que hacemos, de forma adaptada al entorno y al momento. Implica autenticidad y autoestima, así como respeto hacia la otra persona.

La finalidad que se busca es encontrar soluciones, buscar alternativas válidas para ambos, a diferencia de las respuestas agresivas, que pretenden imponer la propia opinión, o «ganar» el debate; o a diferencia también de las respuestas pasivas, que quieren evitar el enfrentamiento, aunque signifique renunciar a las propias opiniones o necesidades.

Las respuestas asertivas no son siempre ciertas o «la verdad», pero son honestas y transparentes. No siempre pueden ser argumentaciones demostrables, pero en el caso de ser opiniones no se oculta la subjetividad que comportan y no se intentan expresar como si fueran verdades indiscutibles. No hace falta tener toda la razón para tener derecho a defender una opinión o a sentirse de determinada manera.

En el cuadro siguiente podemos ver las diferencias entre los tres tipos de conductas. Hay que destacar que la mayoría de las personas tenemos una mayor facilidad en un tipo de conducta que en otro. En algunas personas, las respuestas pasivas son muy habituales, y les puede costar responder asertivamente. Otras pueden tener reacciones agresivas muy a menudo. En todo caso, debemos saber que la asertividad, igual que la escucha, se puede «entrenar».

	Respuesta pasiva	Respuesta agresiva	Respuesta asertiva
Objetivo	Evitar conflictos	Ganar	Buscar alternativas
Actitud	Defensiva Renuencia	Agresiva Crispada	Relajada pero firme Escucha y respeto
Gestos	Sumisión	Prepotencia Intimidación	Contacto visual, serenidad, gestos naturales para reforzar el discurso
Conductas	«Huida» Evitación	Desvalorización No respeta al otro Ataque	Tono firme y convincente, no hostil, ritmo tranquilo, pausas para dejar intervenir a la otra persona, explicitar la definición del problema y el desacuerdo, expresar la conducta que se espera de la otra persona, proponer soluciones
Consecuencias	Adaptación de las opiniones o necesidades del otro que puede acabar en exigir «compensaciones»	Tensión relacional constante, generación de sumisión o de respuestas agresivas, conflicto	Generación de alternativas, ofrecimiento de espacios de acuerdo No garantiza las «soluciones», pero crea los fundamentos para llegar a acuerdos

El arte de preguntar

 Si no preguntamos no demostramos conocimiento, demostramos indiferencia.

Una pregunta no es cualquier frase que finaliza con un signo de interrogación. Una pregunta es una petición de información, para clarificar, concretar o ejemplificar lo que nos está diciendo nuestro interlocutor. En una palabra, preguntar es una forma de comprender mejor al resto de personas.

Allí donde no llega la escucha, empieza la pregunta.

Preguntar es más que una técnica, es un arte, ya que surge de la curiosidad, del interés por lo que nos están diciendo o por aquello que intuimos que nos están diciendo, y manifiesta la necesidad de comprender bien las opiniones del otro. Es una forma de construir una imagen lo más ajustada posible de lo que está fuera de nosotros.

Es habitual diferenciar las preguntas abiertas («¿qué te parece...?», «¿qué opinas de...?») de las cerradas, que se responden con un «sí» o un «no» o dando la opción a elegir entre unas pocas alternativas («¿prefieres salir a cenar a un restaurante o cenar en casa?»). Las primeras abren conversaciones, las segundas las cierran. Ambas son útiles.

Aquí planteo otra clasificación: las preguntas que preguntan y las preguntas que no preguntan. Más allá del juego de palabras, lo que quiero decir es que muchas veces, bajo la apariencia de una pregunta, estamos expresando nuestra opinión o una crítica a la opinión de la otra persona. Veamos estos dos ejemplos:

❶ «Estarás de acuerdo en que la propuesta que nos ha hecho es inaceptable, ¿no?». Esta frase, en realidad, es una afirmación: «Espero que estés de acuerdo conmigo».

2 «¿No lo dirás en serio?», con lo que estamos diciendo: «Espero que no estés diciendo semejante tontería».

Ninguna de las dos frases es, estrictamente, una pregunta, pero mantienen una apariencia social mucho más amistosa que una interpelación directa. El problema es que una conversación mantenida sobre supuestos y afirmaciones no dichas difícilmente puede acabar en acuerdos consistentes. En el mejor de los casos, probablemente acabará en acuerdos más aparentes que reales.

En las dos situaciones se pueden formular preguntas de verdad. Veamos dos opciones:

1 «En mi opinión la propuesta es inaceptable, ¿qué piensas?».

2 «Me sorprende lo que dices, no sé si te entiendo, ¿me lo podrías explicar?».

Las dos preguntas son una invitación a una conversación productiva.

El valor de pedir

 Si no pedimos, esperamos que la otra persona adivine nuestras necesidades o estamos renunciando a ellas.

La acción de pedir puede parecer la que más fácilmente utilizamos en nuestras relaciones. En efecto, hay personas que son «demandantes» compulsivas, pero pedir no resulta fácil para muchas personas, y pedir claramente y con confianza no es tan frecuente.

Pedir es comunicar a la otra persona una necesidad, alguna expectativa sobre su comportamiento o, incluso, la expresión de un deseo.

Pedir requiere la habilidad de conseguir ser escuchados, sin caer en la seducción o en la manipulación emocional, así como la capacidad de especificar con claridad los requerimientos de la petición.

Pedir es hacer una demanda clara y respetuosa con la respuesta de la otra persona (que puede ser negativa). No es una sugerencia (que puede resultar poco clara), un ruego (que en ocasiones puede resultar manipulador emocionalmente) o una exigencia (que no respeta la libertad del otro). Veamos las diferencias, en una situación muy simple, en el cuadro siguiente:

Petición clara	Insinuación	Ruego	Exigencia
Necesitaría que hablaras con Juan para saber si vendrá a la celebración.	Deberíamos hablar con Juan.	Ya que sois amigos, si hablaras con Juan te lo agradecería muchísimo, ¿me harías este favor?	Llama a Juan; si no dice nada hoy, no lo cuento para la celebración.

De todas maneras, las disfunciones más limitadoras son no pedir (por miedo al «no»), pedir sin demasiada convicción (por considerar que no se tiene derecho a pedir) o esperar que la otra persona adivine lo que necesitamos. Tras muchas respuestas agresivas hay necesidades no satisfechas y, muchas veces, también peticiones no planteadas. El proceso sería cómico si no fuera causa de dolor y conflicto: una persona tiene una necesidad pero no la manifiesta, y al no recibir respuesta siente rabia por no satisfacer esa necesidad. A veces, si queremos aspirar a la excelencia, podemos añadir aquello de «si lo tengo que pedir, si me lo dan no tiene valor».

Por descontado debemos aceptar que la persona que recibe la petición pueda «negociar» la respuesta, o considerar que no quiere, no puede o no es oportuno dar una respuesta afirmativa. La no aceptación del «no» está en el origen de muchos conflictos, y se basa en creencias irracionales del estilo de «si para mí es importante y no me complaces, significa que no me quieres», olvidando que la otra persona puede considerar la petición poco adecuada, o le puede significar un esfuerzo muy grande o, simplemente, no puede satisfacerla en ese momento.

La generosidad de ofrecer

 Ofrecer es dar aquello que necesita la otra persona, no aquello que creemos que necesita.

Ofrecer es proponer al otro alguna acción que responda a sus necesidades. Ofrecer de manera efectiva requiere de la predisposición para escuchar a la otra persona para conocer qué puede necesitar y también aceptar el rechazo a una oferta determinada si realmente no responde a las expectativas de la otra persona.

Los dos errores más habituales son ofrecer lo que uno mismo considera que necesita la otra persona (sin escucharla suficientemente) y los ofrecimientos genéricos («cuenta conmigo»).

También hay personas que se sienten bien ofreciendo, y lo hacen no por generosidad, sino egoístamente, por la necesidad que tienen de ser valoradas o de recibir agradecimiento. En el apartado dedicado a las manipulaciones emocionales veremos la figura de la persona «salvadora», que ofrece mucho, a menudo sin petición previa por parte de la otra persona, y de forma que, finalmente, su generosidad resulta «no gratuita».

También existen personas que, sin darse cuenta, parece que ofrecen, pero en realidad imponen («es por tu bien») o, incluso, pueden pedir bajo la apariencia de un ofrecimiento («acéptalo, no me puedes decir que no»).

Ofrecer es, fundamentalmente, una acción de escucha, para poder saber qué puede necesitar la otra persona, y de generosidad, para dar sin recibir contrapartida obligatoriamente. Por ello, ofrecer no resulta tan fácil, y no es simplemente una cuestión de buena voluntad. Es un momento relacional complejo y como tal implica a las dos personas.

Cuestiones para reflexionar

Reflexiona sobre las siguientes cuestiones y comparte la reflexión con personas de tu confianza para conocer su opinión.

★ ¿En qué situaciones no escucho y, en realidad, estoy preparando la respuesta o buscando los puntos débiles de la exposición de la otra persona?

★ ¿En qué situaciones me cuesta expresar lo que pienso o siento?

★ ¿Con qué personas me cuesta expresar lo que pienso o siento?

★ ¿Pido explícitamente lo que necesito?

6.

Conversaciones para momentos difíciles

E n los capítulos anteriores hemos visto los fundamentos relacionales, es decir, aquellas características que deben tener nuestras relaciones para ser fluidas, sanas y cooperativas.

Para conseguir este propósito he planteado algunos principios relacionales que no podemos olvidar, ya que están presentes en cualquier relación, he repasado algunas características del entorno de las relaciones que favorecen que estas se desarrollen bien y, finalmente, he recordado algunas habilidades que permiten ajustar los procesos de comunicación para mantener las relaciones en buena forma.

Pero todos hemos experimentado que las relaciones no siempre son tan idílicas y muchas veces, incluso con las personas más cercanas, se producen momentos o situaciones de tensión. Esto no deja de ser normal, pero conviene saber qué hacer para no perjudicar los vínculos, especialmente con las personas a las que más apreciamos. En este capítulo veremos algunas técnicas y métodos para afrontar algunas de estas situaciones, y evitar que lleguen a convertirse en conflictivas.

David Bohm, un físico teórico que acabó interesándose por las relaciones, diferenciaba el diálogo, que sigue el principio de «ganar-ganar», de la discusión, que sigue el principio de «ganar-perder».[27] La cuestión es cómo podemos dialogar en lugar de discutir.

El concepto de «diálogo» es muy potente. El diccionario lo define como un intercambio de ideas, a menudo contrapuestas. Es un concepto cercano a conversar, que nos lleva al intercambio en relación con algún tema, y que tiene más contenido que una simple conversación o el puro acto de charlar, que resultan más superficiales. En cualquier caso, para abordar situaciones difíciles la posibilidad de dialogar resulta fundamental.

Antes de concretar más es importante plantear tres recomendaciones generales para abordar situaciones en las que ya se ha producido cierta tensión, más o menos latente o, incluso, en la que ya han aparecido algunos reproches:

1 Como he comentado en el capítulo 5, debemos mantener una actitud de oscilación entre la mirada hacia uno mismo y la mirada hacia el otro. La primera nos permite ser conscientes y responsabilizarnos de nuestra contribución a la situación. La segunda nos posibilita intentar comprender a la otra persona y su contribución a la situación.

2 Como dice el psicólogo Kenneth Gergen en muchos de sus textos, las conversaciones construyen significados, crean una realidad compartida por las personas que participan en ellas. Una conversación puede ser «generativa o degenerativa», y en cada

---

27. Esta idea de Bohm está recogida de un libro titulado *Sobre el diálogo* (pág. 30). Se trata de una recopilación de textos que escribió en diferentes épocas a lo largo de su vida.

frase que decimos podemos invitar a la otra persona a que vaya hacia una dirección u otra. Veamos un ejemplo de cada tipo:

- Frase generativa: «No entiendo tu comportamiento, necesito que me lo expliques».

- Frase degenerativa: «No hay quien te entienda».

Las dos frases, en realidad, transmiten el mismo mensaje, pero la primera invita al diálogo y la segunda, a la discusión.

3 Como medida de prudencia conviene hablar en primera persona del singular, lo que ayuda a asumir una parte de responsabilidad en la situación. Si hablamos de la otra persona se corre el riesgo de hacer valoraciones o, simplemente, atribuciones al comportamiento del otro, lo que puede provocar reacciones defensivas. Podemos ver la diferencia en el mismo ejemplo anterior. La primera frase pone el énfasis en la necesidad de quien habla, mientras que la segunda es una valoración negativa sobre el comportamiento de la otra persona.

A continuación, veremos una serie de técnicas que respetan estas recomendaciones y permiten abordar algunas situaciones de tensión relacional.

Cómo comprender mejor la situación

En muchas ocasiones, el problema relacional surge del hecho de que, en realidad, las dos personas no están hablando de lo mismo. Como hemos visto, la subjetividad es inevitable, y cada uno puede ver una realidad indiscutible. Por ello, muchas veces, para poder llegar a un acuerdo, primero nos deberemos asegurar de que la situación se define de una manera similar.

Cómo clarificar una situación

Hay situaciones muy complicadas en las que una persona «se lía», sus argumentos resultan confusos y sus recriminaciones son poco concretas. La otra persona puede sentirse tentada de aprovecharse de este hecho para ganar la conversación.

Como he repetido en diversas ocasiones, esto puede producir una satisfacción a corto plazo, pero es el germen de una futura conversación difícil.

Veremos ahora una forma de diálogo[28] para ayudar a la otra persona a ordenar sus ideas. Desde un punto de vista competitivo, esto significa ayudar al rival, pero desde un punto de vista cooperativo, es una manera de poner orden en la conversación y, por tanto, de ganar posibilidades de entendimiento. Si estamos intentando «ganar» la conversación, nunca ayudaremos a la otra persona.

Se pueden utilizar diversas formas relacionales:

▶ Formular preguntas cerradas ofreciendo alternativas: el objetivo es abrir opciones y clarificar los aspectos confusos que la otra persona puede estar percibiendo. También plantear las opciones disponibles. Por ejemplo: «No me queda claro si lo que te molesta es que no te consulte o que no te gustan las decisiones que tomo».

▶ Verificar nuestra comprensión (la llamada *paráfrasis*) de vez en cuando, para comunicar la comprensión (y también la aceptación) de sus opiniones. Por ejemplo: «Si entiendo bien, lo que realmente te molesta de lo que hago es que no te consulte, aunque lo que he decidido te parece bien, ¿es así?».

---

28. Este método está inspirado en *El diálogo estratégico* de Giorgio Nardone (2011), bien entendido que su versión original es una técnica terapéutica.

► Utilizar aforismos, metáforas o anécdotas para que se pueda expresar de forma más intuitiva y menos analítica: «Lo que me dices es que te sientes como un pulpo en un garaje, ¿es eso?».

► Resumir la conversación para verificar hasta dónde hemos conseguido clarificar.

Recordemos que el objetivo es clarificar los elementos de confusión que hay en el relato de la otra persona para poder continuar el diálogo. En ningún caso se trata de cambiar la percepción de la otra persona sobre la situación, ni de utilizar el diálogo para convencerla de nada, aunque, en ocasiones, al clarificar los elementos de confusión, la otra persona puede recapacitar sobre su relato y cambiar algún aspecto.

Completar el relato

A veces, el relato de la situación problemática que hace la otra persona, más que confuso, es parcial. Esto le pasa a todo el mundo, pero es mucho más evidente si prestamos un poco de atención. Hay diversas maneras de «simplificar» la manera de explicar(nos) una situación,[29] de construir un mapa de la situación que la refleja, al mismo tiempo que la simplifica.

Como decimos, es un fenómeno normal. No podemos explicar la realidad en todos sus matices y, por tanto, la reducimos a una dimensión manejable, pero, en ocasiones, la simplificación resulta exagerada.

Podemos simplificar de tres maneras:

---

29. Para completar una narración simplificada apelamos a la programación neurolingüística. Entre los muchos libros sobre el tema, puedes consultar el de Ramiro J. Álvarez (1996), especialmente el capítulo 5.

1 **Omisiones:** seleccionamos partes de la realidad en función de la atención que prestamos a unos elementos, y no a otros, y también por la tendencia a ver y escuchar lo que confirma lo que creemos o «sabemos». Nuestro cerebro se resiste a recibir información que cuestiona las informaciones que tenemos almacenadas, aunque hacerlo es la base del crecimiento y el aprendizaje.

Un ejemplo típico en situaciones de discrepancia es la focalización en los aspectos en desacuerdo, olvidando aquellos en los que puede existir acuerdo. Tener en cuenta estos últimos aspectos nos crea dificultades para mantener la creencia de que la otra persona «ha de» estar equivocada.

Otro caso frecuente es «pasar por alto» las conductas de la otra persona que contradicen la imagen que estamos construyendo. A una persona a la que consideramos colaboradora no le tendremos en cuenta algunas conductas individualistas, y al revés, si la consideramos egoísta podemos no considerar algunos intentos de cooperación que pudiera mostrar.

2 **Generalizaciones:** convertir una experiencia concreta en una «ley general». En el discurso aparecen palabras como «siempre», «nunca», «todos», «nadie», «los turistas», «los de ciudad», etc. Ejemplos de ello pueden ser: «Esto nunca puede funcionar», «nadie aceptará que…», «los turistas son unos gamberros», «Juan siempre hace lo mismo».

Otro ejemplo habitual es manifestar una opinión como si fuera un hecho universalmente compartido: «Lo que es importante en una pareja es la paciencia y la tolerancia, si no las cosas no pueden ir bien».

El riesgo de las generalizaciones es que pueden atribuir a las conductas de la otra persona intenciones o motivaciones injustas o equivocadas.

3 **Distorsiones:** distorsionamos cuando opinamos con pocos datos, hacemos atribuciones de causalidad muy superficiales, utilizamos datos al servicio de nuestras creencias o prejuicios, hacemos deducciones muy frágiles lógicamente, etc.

Ejemplos: «Marcos no es de fiar» (cuando no le conocemos demasiado), «la tendencia económica es catastrófica» (cuando quien habla no es experto), o muchas opiniones que se pueden escuchar sobre temas muy complejos, como el cambio climático o la pandemia provocada por la covid-19, basadas en mensajes de redes sociales o noticias poco contrastadas aparecidas en los medios de comunicación.

La pregunta es: ¿qué podemos hacer ante una persona que simplifica la situación, que nos ofrece un mapa muy parcial, sesgado o erróneo? Pues podemos incitarla a completar el mapa mediante peguntas:

❶ **Omisiones:** ¿quién?, ¿para quién?, ¿en relación a qué?, ¿concretamente cómo? etc.

❷ **Generalizaciones:** ¿quién?, ¿siempre?, ¿puede haber excepciones?, ¿cuándo sucede?, ¿todo el mundo lo hace?, etc.

❸ **Distorsiones:** ¿cómo lo sabe?; explícame, ¿cómo sucede?; ¿hay otras explicaciones?; ¿qué datos tienes sobre ello?

Pero, ante todo, no debe parecer un interrogatorio que busca pillar en falta a la otra persona, sino preguntas que buscan completar el relato para comprender mejor.

Ponerse en la piel del otro

En diversos apartados de este libro he recomendado que es importante escuchar y comprender a la otra persona para conseguir cualquier acercamiento y acuerdo. Pero en algunas ocasiones resulta difícil, ya que no entendemos el comportamiento de la otra persona, o acabamos por atribuirle intenciones o motivaciones nada positivas. Veamos qué hacer si no nos sentimos comprendidos.

Una primera forma simple de ayudar a la otra persona a ponerse en nuestra piel es utilizar una pregunta: «Si yo (hiciera, dijera…), ¿cómo te sentirías?». Esta pregunta es una invitación a que detenga sus pensamientos y emociones e intente comprender cómo nos afecta su conducta. En ocasiones, las situaciones conflictivas son demasiado complejas, o ya vienen de lejos, y con esta pregunta no será suficiente.

En ese caso se puede realizar un ejercicio de cambio de rol que consiste en que cada una de las personas «en litigio» defienda la posición de la otra parte, con argumentos, expresando sus necesidades, sus sentimientos. Todo aquello que puede dotar de contenido y coherencia a la otra posición. Con esta técnica, que no es una simulación, se apela a todo lo que cada parte «sabe» de la otra pero que se niega a ver o aceptar en los momentos de discrepancia.

No se trata de buscar argumentos como respuesta a la pregunta «¿por qué crees que la otra persona dice o hace lo que dice o hace?». Es una técnica que busca una comprensión más profunda. No intenta justificar la posición contraria, sino tomar conciencia de que la otra persona puede tener sus motivos para pensar o actuar como lo hace. Tampoco busca directamente el acuerdo, aunque lo puede facilitar.

Buscar dentro de uno mismo la manera de defender la posición contraria nos obliga a intentar comprenderla, y cuando esto sucede, cuando cada persona regresa a su posición, las dos personas no se percibirán del mismo modo.

Es una técnica que puede ser de gran ayuda, pero que solo en apariencia es simple, pues en realidad no lo es. La dificultad es que a una persona le puede costar conectar realmente con las motivaciones del otro, de manera que simplemente se limita a representar un papel. Si este es el caso, será necesario empezar por mejorar la capacidad de escucha. Para practicar la técnica en toda su profundidad, es de ayuda formularnos preguntas como las siguientes:

- ¿Cómo se está sintiendo la otra persona?

- ¿Qué haría yo en su lugar?

- ¿Cómo se ve a sí misma?

- ¿Cómo me ve?

- ¿Qué principios o creencias guían su comportamiento?

Los círculos viciosos relacionales

Cuando la solución es el problema

A veces, una de las personas implicadas en el problema hace tiempo que está intentando solucionarlo. Hay conciencia del problema y también un esfuerzo por cambiar las cosas, pero parece que, cuanto más se esfuerza, peor van las cosas. El resultado es la confusión y la frustración.

Pensemos, por ejemplo, en la mayoría de los adolescentes y sus comportamientos de oposición o de rebeldía en temas como pueden ser los horarios de regreso a casa o el orden en su habitación. Ante estas conductas, sus padres optan, a veces, por aumentar el control, pero el efecto es nulo o incluso contraproducente. El resultado es la frustración de los padres y, en los adolescentes, al sentirse constantemente vigilados, a menudo aumenta la necesidad de liberarse.

Este ejemplo muestra un proceso muy habitual en el que, frente a la resistencia a cambiar de la otra persona, la respuesta es repetir la solución en una dosis más grande. Este fenómeno de «más de lo mismo»[30] es frecuente, pues parece de sentido común. Si un hijo no obedece, lo que necesita es orden y mano dura, y si con las

---

30. Esta técnica está recogida de las investigaciones de los psicólogos de la llamada Escuela de Palo Alto. Puede consultarse el libro *Cambio*, escrito por Paul Watzlawick (a quien ya hemos citado) y otros colegas del Mental Research Institut de aquella ciudad de la bahía de San Francisco.

primeras medidas no se produce el cambio, hay que aumentar la dosis, porque los padres se creen demasiado blandos.

La cuestión es que en el mundo relacional las cosas no son, a menudo, tan obvias. A veces, la solución (más control en el caso anterior) se acaba convirtiendo en el problema y, por tanto, para cambiar la situación lo primero que hay que hacer es cambiar la solución utilizada. Las relaciones son situaciones complejas, y como tales no tienen una solución única. Debemos explorar diferentes alternativas. Aumentar el control, en el caso del ejemplo, es una opción, pero también lo es abrir un diálogo sobre cómo se siente el hijo, buscar soluciones de forma compartida, buscar la complicidad de los amigos con los que se pueda hablar, y muchas otras.

En todo caso, es importante ser consciente de que, si «más de lo mismo» no arregla el problema o, incluso lo empeora, no es buena idea insistir en esa vía.

Cómo frenar las manipulaciones emocionales

La gran mayoría de las relaciones difíciles incluyen un fuerte componente emocional, que en muchos casos tiene un impacto manipulador. Dicho así puede parecer un poco exagerado, pero si explicamos qué se entiende en psicología por manipulación emocional veremos que es más habitual de lo que parece.

Una comunicación manipuladora emocionalmente es aquella que «utiliza» las emociones para generar una reacción en la otra persona. Muchas veces es más «eficaz» que comunicar el mensaje explícitamente.

A modo de ejemplo, una queja repetida tiene este componente manipulador. El mensaje implícito de la queja puede ser: «Yo me siento mal por culpa tuya y, por tanto, deberías hacer alguna cosa para que yo me sienta bien». Evidentemente, si lo formulamos así nadie nos hará caso, pero si conseguimos que la otra persona se sienta culpable por nuestro malestar, la manipulación puede dar resultado.

Está claro que la manipulación no es patrimonio de las emociones. Racionalmente, también se puede manipular mediante la mentira, ya sea diciendo premeditadamente cosas que no son ciertas u ocultando información trascendente para la otra persona. Pero ahora volvamos a las emociones.

Un juego psicológico[31] es un proceso de comunicación entre dos personas que sigue unas pautas repetitivas y que tiene un fuerte contenido emocional. El carácter manipulador reside en el hecho de que cada persona espera que la otra se comporte de determinada manera y, en lugar de pedirlo, se provocan situaciones emocionalmente intensas que invitan a la otra persona a comportarse de acuerdo con lo que se espera.

Antes de continuar, hay que hacer dos consideraciones. La primera es que este proceso es básicamente inconsciente, es decir, no estamos ante unas tácticas planificadas para ser los amos en la relación. Lo que hacemos es repetir cómo aprendimos de pequeños conseguir la atención o el reconocimiento de los mayores, a pesar de que no sabíamos pedirlo directamente o no podíamos.

La segunda consideración es que en un juego no hay una persona buena que es manipulada y otra mala que manipula, sino dos personas que encuentran en la otra la complementariedad que buscan. Son dos personas manipuladoras que también son manipuladas. Dicho así parece muy patológico, pero la verdad es que todo el mundo se ve inmerso en juegos psicológicos cada día. Lo que puede convertirlo en patológico es el grado de manipulación y las consecuencias de esta.

Veamos un ejemplo. En la columna de la izquierda reproducimos una conversación entre dos personas; en la de la derecha, «escaneamos» la conversación oculta (inconsciente) que se está produciendo.

31. El modelo que utilizaremos para comprender y abordar las manipulaciones emocionales es el de los «juegos psicológicos» del análisis transaccional de Eric Berne. Para ampliar la información, especialmente, en las relaciones familiares, recomiendo el libro de José Luis Martorell *Los juegos en la familia* (2022).

En casa	
Eva (viendo a su pareja estresada por el trabajo): Toni, podríamos ir al cine, te conviene distraerte, no puedes estar todos los fines de semana trabajando...	Eva está preocupada por el cansancio de Toni (que le comunica no verbalmente) y se hace responsable y lo cuida (no es la primera vez, forma parte de su rol en la pareja).
Toni: Quizás tienes razón, pero necesito acabar el informe para el lunes...	Toni está cansado, pero no se responsabiliza de su cansancio, ni pide ayuda. Espera que sea Eva quien lo «obligue» a distraerse, como sucede habitualmente.
Eva: No te vendrá de dos horas; venga, que a mí me hace ilusión ver esta película.	Eva insiste, quiere acabar de convencerlo y animarlo.
Toni (poco convencido, pero con expresión de cansancio): Vale..., vamos.	Toni acepta por ella (el cebo está puesto).

Al salir del cine	
Toni: A pesar de la fama que tiene, no le he encontrado ningún interés a la película, y con el trabajo que tengo, ¡mira que venir a perder el tiempo con esta tontería...!	Toni le traspasa su malestar (no le ha gustado la película) y se siente mal por el trabajo pendiente. Ahora la culpabiliza a ella.
Eva: Hombre, no ha estado tan mal.	Eva se siente atacada y se justifica.
Toni: Tú la querías ver, me alegro si te ha gustado, no hablemos más. Volvamos rápido, que tengo que trabajar.	Toni le pasa la factura: «Hemos venido porque tú querías».
Eva: Yo lo hacía por ti, no me digas que era yo la que quería ver la película.	Eva se defiende.
Toni: Al final resultará que era yo el que quería salir, ¿no?	Toni expresa todo su malestar y Eva se siente tratada injustamente (ella lo había hecho por él).

Una manera de analizar situaciones como las de Eva y Toni es a partir de los roles psicológicos que representa cada protagonista. Según el modelo que estamos siguiendo, hay tres roles posibles que podemos representar en un juego:

Rol	Necesidad encubierta	Emoción provocada	Conductas típicas
Salvador/a	Necesita sentirse útil Necesita que lo necesiten	Agradecimiento Dependencia	Responsabilizarse del otro Aconsejar Estar disponible
Víctima	Necesita seguridad Necesita ayuda	Culpa (eres malo/a si no ayudas a una persona que lo necesita)	Incapacitarse Inseguridad Indecisión
Perseguidor/a	Necesita que le obedezcan, sentir que tiene razón	Miedo Inseguridad Rabia	Imponer Criticar Amenazar

Un aspecto muy importante en los juegos psicológicos es que cada jugador ocupa dos roles, uno al inicio y otro al final del juego. Recordemos la escena de Eva y Toni. Al principio Eva es la salvadora (haciéndose cargo de Toni) y este es la víctima (agobiado por el trabajo). Pero Toni pone un «cebo» cuando acepta ir al cine «forzado» por Eva. Al salir se produce el cambio, Toni persigue a Eva y es ella la que acaba de víctima.

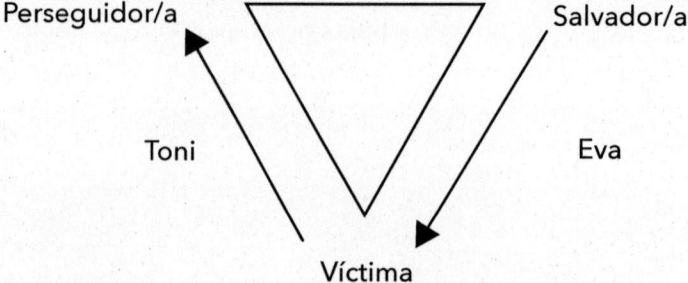

Perseguidor/a   Salvador/a

Toni   Eva

Víctima

La pregunta que nos podemos hacer ahora, si recordamos que los juegos son situaciones repetitivas, es por qué repetirán unos comportamientos que los hacen sentir mal. La respuesta es que las necesidades de los dos los impulsarán a la reincidencia (ser útil: Eva; tener la última palabra: Toni). El precio será el desgaste de la relación, mientras Eva no vea que ella no es la principal responsable del bienestar de Toni y Toni no acepte que es él quien ha de afrontar su estrés.

Esta doble toma de conciencia y de reparto de responsabilidades es clave para dejar de jugar. El proceso para hacerlo es el siguiente:

▶ Ya que es una situación repetitiva, darse cuenta de que alguna cosa está pasando (no es un accidente puntual).

▶ Construir la columna derecha como en el ejemplo de Eva y Toni.

▶ Ver qué rol están interpretando cada uno al principio y al final.

▶ Ser conscientes de la complementariedad de los dos comportamientos (corresponsabilidad).

▶ Buscar conjuntamente alternativas relacionales sanas.

▶ Si el juego es de un grado profundo y las emociones, muy dolorosas, buscar ayuda profesional.

Cómo reaccionar ante comportamientos no deseados

En este apartado veremos algunos recursos que podemos utilizar para comunicar a la otra persona que no nos gusta su comportamiento, y qué quisiéramos que dejara de hacer, o qué deseamos que hiciera. Por supuesto se trata de hacerlo sin agresividad ni intentando imponer por la fuerza nuestro criterio. Como se verá, son respuestas que comparten un patrón y, por tanto, pueden darse conjuntamente.

Solicitar tiempo muerto

Es el truco relacional más simple, aunque, obviamente, no es mágico.

En los partidos de baloncesto, el tiempo muerto es un recurso del que dispone un entrenador para detener el juego cuando las cosas no van bien. Debe solicitar a la mesa que quiere parar el partido, y para hacerlo coloca las dos manos en forma de T.

Podemos integrar este recurso en nuestras relaciones, en un equipo de trabajo, en la pareja o en cualquier otro espacio relacional. Si sentimos que la conversación no evoluciona bien, podemos tener acordado que cualquier persona del grupo puede solicitar «tiempo muerto».

Es importante que esté acordado *a priori* entre los participantes de la conversación, del mismo modo que lo contempla el reglamento del baloncesto. De no ser así, significaría una manera impositiva de detener una conversación si no responde a lo que deseamos.

Una vez detenida la conversación, la persona que ha pedido el tiempo muerto describe la situación relacional que, en su opinión, es disfuncional, sin atribución de culpabilidades. Por ejemplo: «Creo que llevamos un rato dando vueltas a lo mismo, cada uno enrocado en su posición y no nos escuchamos, por eso he solicitado tiempo muerto. Creo que necesitamos rebajar un poco el tono, ¿estáis de acuerdo?». Si la tensión emocional ha subido mucho puede ser una buena idea parar la conversación un momento.

Al igual que los entrenadores aprovechan el tiempo muerto para cambiar la táctica, en el mundo relacional lo podemos aprovechar para acordar algún cambio en el proceso relacional que se está produciendo.

Cómo poner límites

Una situación relacional que genera mucha tensión es la que se produce cuando la otra persona muestra conductas agresivas (críticas, descalificaciones, comentarios irónicos, interrupciones, tono de voz intimidatorio, etc.). Es una relación que acabará por provocar una respuesta agresiva (de contraataque) o de sumisión (evitación). Incluso es posible que la persona agredida ya haya intentado, sin éxito, utilizar la asertividad o haya pedido a la otra persona que deje de comportarse como lo hace. Si es este el caso, es necesario ir un poco más allá y poner límites a la otra persona.

Poner límites no es una respuesta agresiva que nos llevaría al conflicto, sino que implica la respuesta asertiva, excepto en relación con la conducta del otro. La estructura de un límite es primero informar de que su conducta no es aceptable y comunicar la conducta que esperamos. Si esto no es suficiente y la otra persona no rectifica, la podemos interpelar, es decir, podemos advertirla de que no aceptaremos su conducta. Finalmente, si no hay cambio, podemos comunicar nuestra decisión.

Por ejemplo, poner un límite a una persona que no escucha e interrumpe constantemente debe transmitir: «Yo quisiera seguir hablando contigo, pero no estoy dispuesto a no poder expresarme porque me estás interrumpiendo constantemente»:

> **Información:** Tu conducta es inapropiada para mí, me gustaría que me escucharas.

> **Interpelación:** Si quieres continuar la conversación, te pido que no me interrumpas.

> **Decisión:** Si no rectificas no pienso continuar la conversación.

A diferencia de la respuesta asertiva, aquí no se prioriza el respeto por las razones de la otra persona, sino que se manifiesta que el contenido o la forma de su conducta no son aceptables y, por tanto, la conversación no continuará en esos términos. Se trata de manifestar que no estamos dispuestos a aceptar aquella conducta para continuar hablando.

Es una respuesta que no busca, en lo más mínimo, pactar nada, simplemente recuerda que existen un mínimo de condiciones para tener una conversación que hay que respetar, y que de no ser así es mejor interrumpirla. Se trata de evitar un conflicto. En el caso de que la conversación sea imprescindible, será buena idea buscar una persona «mediadora» que pueda ayudar.

Cómo criticar

Ahora invertimos los términos. Expresar una crítica forma parte de la vida relacional, ya que, evidentemente, no todo lo que hacen los otros nos parece correcto. Para criticar bien, la base es mantener el respeto y expresarnos asertivamente. El objetivo es que la otra persona cambie su conducta, no darle lecciones o denigrarla.

Pero, además, debemos seguir algunas recomendaciones:

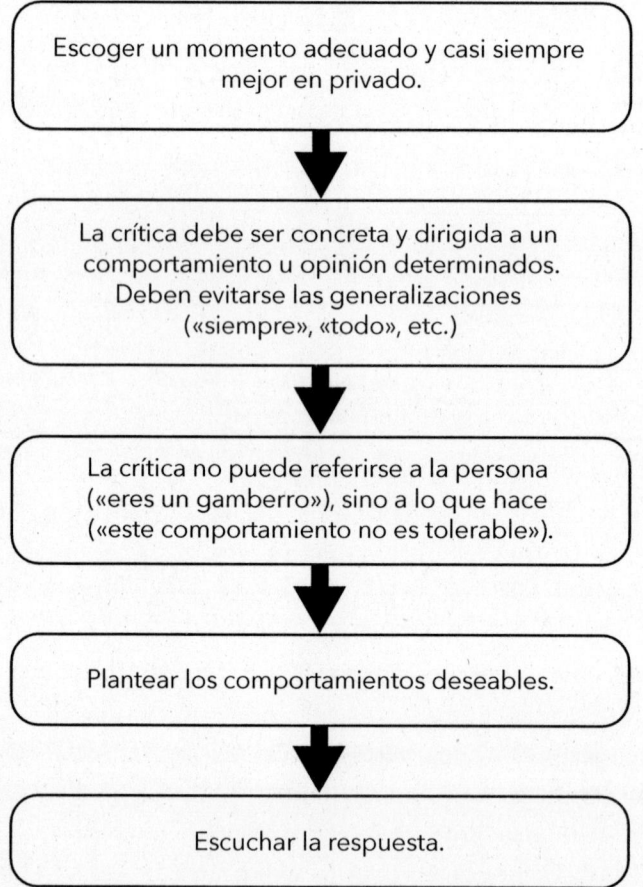

Escoger un momento adecuado y casi siempre mejor en privado.

La crítica debe ser concreta y dirigida a un comportamiento u opinión determinados. Deben evitarse las generalizaciones («siempre», «todo», etc.)

La crítica no puede referirse a la persona («eres un gamberro»), sino a lo que hace («este comportamiento no es tolerable»).

Plantear los comportamientos deseables.

Escuchar la respuesta.

Veamos un ejemplo en una conversación de pareja entre Roberto y Lidia:

- *Roberto: «Cuando expresé mi opinión sobre nuestra hija me respondiste agresivamente, me acusabas de ser demasiado rígido o inflexible y quisiera poder expresar mi opinión sin sentirme cuestionado».*

- *Lidia: «¿Y si no estoy de acuerdo?».*
- *Roberto: «Me lo dices, claro, pero explicándome claramente los*
- *puntos de discrepancia y de una forma más relajada».*

Criticar bien no garantiza una solución armónica, pero, sin duda, orienta a Roberto y Lidia hacia un camino más cooperativo.

Si tú haces… yo me siento (acción-sentimiento)

Cuando nos sentimos atacados, habitualmente la primera reacción es defendernos o responder con aquello de «y tú más». Intentar arreglar las cosas empezando por acusar a la otra persona no parece una buena idea. Es mejor ir sobre seguro, expresando cómo nos sentimos en relación con el comportamiento de la otra persona y esperar su reacción.

Veamos esta secuencia relacional:

- *Marta: «Ruth, no me escuchas, siempre vas a la tuya. Te dije que no quería ir a la cena. Tengo mucho trabajo y no quiero acostarme tarde, no sé porque le has dicho que iría».*
- *Ruth: «Lo he hecho por tu bien, solo piensas en trabajar, en la vida hay más cosas que el trabajo».*
- *Marta: «¿Y tú cómo sabes lo que me conviene?».*
- *Ruth: «Cuando te pones así eres insoportable…».*

Queda claro que cada comentario de Marta (acción) encuentra una respuesta (reacción) por parte de Ruth, que las va distanciando progresivamente. Por descontado que podríamos invertir el orden de las protagonistas, atribuyendo la acción a Ruth y a Marta, la reacción. En las relaciones pocas veces resulta de gran utilidad buscar «quién empezó».

Es importante destacar que los dos comportamientos son complementarios y se retroalimentan. No se trata de ver quién tiene la razón, sino de valorar las alternativas relacionales más constructivas que se pueden visualizar.

Para interrumpir estos bucles se puede utilizar la secuencia relacional siguiente:[32]

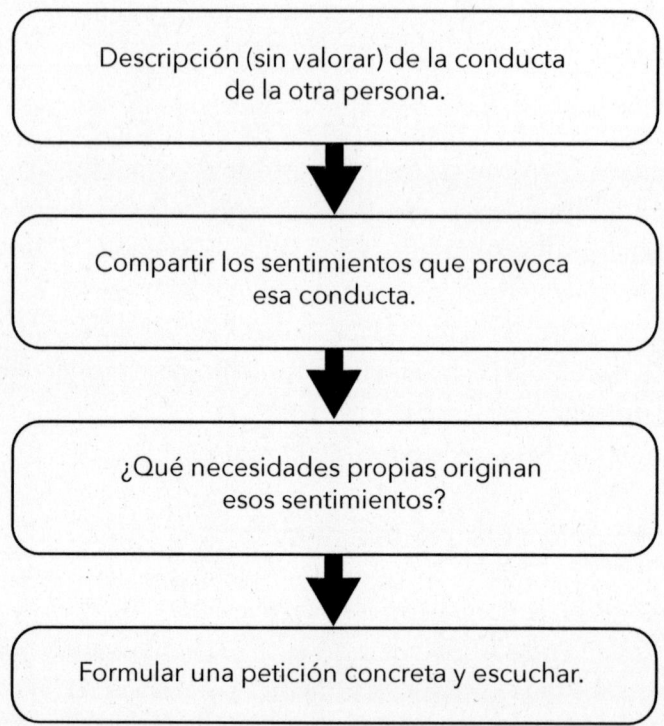

La conversación entre Marta y Ruth sería entonces la siguiente:

- *Marta: «Ruth, te había comentado que tengo mucho trabajo y prefería no ir a la cena; cuando has dicho que iría no me he sentido escuchada y me ha molestado».*

32. Esta técnica («acción-sentimiento») y las siguientes para expresar intuiciones y para disculparse están basadas en el modelo de educación emocional cooperativa del psicólogo transaccionalista Claude Steiner y puede consultarse en su libro *Educación emocional*.

- *Ruth*: «*Lo he hecho por tu bien, solo piensas en trabajar, en la vida hay más cosas que el trabajo*».
- *Marta*: «*No te digo que no, pero Ruth, lo que te pido es que en otra ocasión me lo consultes antes de confirmar, ¿te parece?*».

La conversación es bastante diferente, ¿no crees?

Es importante dirigirse a la otra persona por su nombre. No es un simple formulismo, sino que comunica que nos dirigimos específicamente a esa persona, es un reconocimiento a su presencia. En el capítulo 3 ya comentamos la importancia de la visibilidad, especialmente si la conversación se produce en un grupo.

Cómo afrontar una queja constante

Todos nos quejamos de alguna cosa de vez en cuando, pero hay personas que necesitan quejarse muy frecuentemente y sus relaciones acaban muy condicionadas por la queja, la protesta o la exigencia permanentes. Estas conductas acaban por bloquear la relación y muchas veces provocan cansancio en la persona receptora, que deriva en reacciones agresivas o en la necesidad de evitar el contacto.

Como en la mayoría de las situaciones relacionales que comentamos, la respuesta que podemos dar si queremos cambiar la relación debe surgir de la escucha y la aceptación, evitando la simplificación de considerar que «se queja por vicio».

Pero aceptar no quiere decir quedar atrapado por la queja. Se acepta el malestar que la persona siente, pero no se acepta la propuesta relacional que implica hacer lo que la persona quejosa quiere, o dejar de escuchar y descalificar los motivos de la queja. En ambos casos la relación no va por buen camino.

Una queja es una manifestación de malestar que siente una persona (y esto hay que aceptarlo) pero que atribuye las causas de este malestar a la persona receptora de la queja, o a terceros que no están presentes. También, muchas veces, incluye una exigencia de solución, de la que justamente la persona quejosa queda excluida. Estas atribuciones de responsabilidad no son aceptables si recordamos lo que he afirmado de la corresponsabilidad.

Las posibles respuestas ante una queja recurrente se focalizan en ayudar a modificar el contenido de la narración que comunica la queja. Hay tres elementos en la narración que ocasionan el bloqueo: qué provoca el malestar, es decir, qué necesidad está siendo agredida, quién lo hace y quién debe hacer alguna cosa para remediarlo.

Veamos una posible conversación para ayudar a «reescribir» la narración implícita en la queja. Manuel es el jefe de José. Este se queja constantemente de la poca colaboración de algunos compañeros, de la falta de coordinación entre departamentos, de la poca claridad de los objetivos y de muchas otras cosas de ese tipo. Manuel, después de un tiempo de ir quitándole hierro al asunto, empieza a estar saturado. Haga lo que haga, José encontrará un motivo para volver a quejarse.

Finalmente, antes de explotar e imponer su autoridad, como último recurso, decide tener una conversación con su colaborador.

Manuel: «José, quisiera hablar contigo. Desde hace tiempo me has comunicado tu opinión sobre la colaboración de los compañeros y has sido crítico sobre la poca claridad de nuestros objetivos. Quiero comprender mejor tu malestar y necesito concretar las cosas. ¿Te parece que lo hablemos?».

José: «Ya te lo he explicado muchas veces y todo sigue igual, pero vale, ¿qué quieres que te explique?».

Manuel: «Es cierto que ya lo hemos hablado y parece que las cosas no mejoran. Concretamente, ¿en qué temas y con quién crees que falta coordinación?».

José: «No me pidas que sea un delator de los compañeros. Tú deberías saberlo».

Manuel: «Si te lo pregunto es porque no lo sé y debo analizar los procesos de la unidad. Seguro que no fallamos siempre y por eso necesito que me concretes cuándo las cosas no van bien, ¿lo entiendes verdad?».

José: «Claro que no es siempre...».

Manuel: «De acuerdo, ¿qué es lo que te preocupa o te hace sentir mal? No te pido acusaciones, simplemente que describas aquello que crees que no funciona y que perjudica tu trabajo».

José: «No hay suficiente información sobre los clientes, y muchas veces repetimos tareas».

Manuel: «Entiendo. Lo que te molesta es quedar mal ante un cliente o perder el tiempo...».

José: «Exacto, es que es constante...».

Manuel: «¿Lo has hablado con los compañeros?».

José: «Se lo he dicho, pero no soy yo quien puede hacer algo...».

Manuel: «¿Lo que me pides es que sea yo quien proponga revisar los procesos de comunicación interna y el seguimiento de las fichas de clientes?».

José: «Sería eso, sí».

Manuel: «Seguro que todos podéis hacer aportaciones, ¿te parece que os convoque a todos para diseñar unos nuevos procesos?».

En este diálogo, Manuel intenta ayudar a que José pueda convertir un relato de queja (subjetivo, emocional y sin responsabilidad compartida) en otro más objetivo, más descriptivo de la situación y basado en la corresponsabilidad ante el problema. Como siempre, no tenemos ninguna garantía de éxito, pero lo que es seguro es que ante el relato de queja, si Manuel no toma medidas acabará harto de José, o se generará algún problema con el resto del equipo, incluso si las opiniones de José no van desencaminadas.

No aceptar planteamientos de «todo o nada»

Una manera de presionar a una persona es restringir su capacidad de elección. Si una persona conoce una necesidad importante de otra puede convertir la situación en un juego de poder[33] utilizando esta necesidad como vulnerabilidad: «Si no aceptas lo que yo digo te quedarás sin nada». Veamos un ejemplo.

Dos hermanos deciden organizar una fiesta sorpresa con motivo del 60 aniversario de su madre. Tienen opiniones muy dispares. Mientras el mayor piensa en una fiesta reducida y familiar, el menor imagina una fiesta en un restaurante con la presencia de todos los amigos de los padres como invitados. Después de discutirlo diversas veces, el mayor dice: «Estoy cansado de que no me escuches; si quieres hacerlo a tu manera, adelante, pero no cuentes conmigo, ya me dirás a qué restaurante debo ir». La vulnerabilidad del hermano menor (la ilusión que le hace la fiesta, evitar la tensión con su hermano) le lleva a aceptar el ultimátum: «De acuerdo, lo haremos solo para la familia».

Estas situaciones son muy habituales en las familias, pero también en las relaciones de pareja («si no vamos a vivir juntos este año, olvídate de mí») o en los equipos de trabajo («o lo hacemos como yo creo o no colaboraré»). Todas tienen en común la extorsión de una persona hacia la otra aprovechando la necesidad de esta y mostrando un planteamiento radical no discutible.

Es justamente en la confrontación de este planteamiento donde aparecen las opciones de respuesta. Volvamos a la conversación entre los dos hermanos.

- *Hermano menor: «A los dos nos ilusiona la fiesta, ¿no es cierto?».*
- *Hermano mayor: «Claro, ¿a qué viene esta pregunta?».*

---

33. El concepto de juego de poder es de Claude Steiner (2010) y se refiere a una manipulación consciente que explota una necesidad de la otra persona. Los planteamientos «todo o nada» son una de las familias de juegos de poder que describe este autor.

> *Hermano menor:* «Lo que queremos es que la fiesta salga lo mejor posible, ¿no?, y para ello lo mejor es que participemos los dos, ¿estás de acuerdo?».
>
> *Hermano mayor:* «Continuo sin saber qué pretendes...».
>
> *Hermano menor:* «Lo que pretendo es que no perjudiquemos la fiesta que los dos deseamos a causa de nuestras discrepancias».
>
> *Hermano mayor:* «No son discrepancias, lo que tu planteas significa mucho trabajo, yo no tengo tiempo».
>
> *Hermano menor:* «Estoy de acuerdo en que dará trabajo, y si tú vas apurado de tiempo yo puedo encargarme de más cosas, pero me gustaría que lo hiciéramos juntos».

Como se puede ver, el objetivo de la conversación es evidenciar que la fiesta no le interesa solo al hermano menor, es un objetivo compartido e importante para los dos. Otro tema es la negociación que se pueda producir sobre cómo organizarla o el reparto de tareas. Precisamente la extorsión transmite que la persona extorsionadora no tiene interés en el tema o puede prescindir sin problema. Una vez que se ha evidenciado la necesidad de la persona extorsionadora, ya no le resulta tan fácil plantear una única opción como aceptable.

La estructura de la conversación es la siguiente:

Evidenciar la importancia de la necesidad para ambas partes.

Concretar los puntos de discrepancia (cómo, quién, cuándo).

Decidir qué hacer con las discrepancias.

La conversación puede no tener éxito si no se llega a un acuerdo sobre las discrepancias, pero, como mínimo, se evita la extorsión que genera conductas de sumisión o respuestas competitivas. Es mejor que el hermano menor organice la fiesta con el acuerdo del mayor a que la organice sin su acuerdo, aunque en los dos casos se encargará de casi todo el trabajo.

La conversación no tiene ninguna posibilidad de llegar a buen puerto en el caso de que la persona extorsionadora, realmente, no tenga ninguna necesidad que le impulse a ceder en nada. Puede ser el caso, por ejemplo, de una entrevista de trabajo en la que la persona contratante ofrece unas condiciones de trabajo muy deficientes y no negociables aprovechando la necesidad de trabajar que tiene la persona candidata.

Cómo asumir la responsabilidad

El último tipo de situaciones relacionales que comentaré son aquellas en las que los responsables del deterioro relacional podemos ser nosotros mismos. Es necesario disponer de recursos para abordar estas situaciones en las que debemos asumir la responsabilidad y ser proactivos para comunicarla.

Cómo expresar intuiciones

Hay ocasiones en las que una de las dos personas siente que alguna cosa no anda bien en la relación con la otra. Realmente no ha habido ninguna discusión, no se ha producido ningún momento especialmente tenso, pero alguna voz le dice en su cabeza que la relación ya no es como era. Podemos decir que la intuición nos informa de que hay que hacer algo.

Durante mucho tiempo, la intuición ha tenido un estatus de poco nivel en comparación con el pensamiento racional. Las decisiones importantes eran las que provenían del análisis, y la intuición se consideraba una forma primaria y poco fiable de conocimiento. Pero las cosas no son así de simples.

La intuición se fundamenta en la experiencia, probablemente basada en la memoria emocional, y nos ayuda a focalizar la atención para la toma de decisiones. Sabemos que no existen las decisiones estrictamente relacionales, todas tienen un cierto contenido emocional y, seguramente, la intuición es un proceso básicamente emocional y no consciente mediante el cual podemos reaccionar de una manera rápida y con poca información explícita y racional.

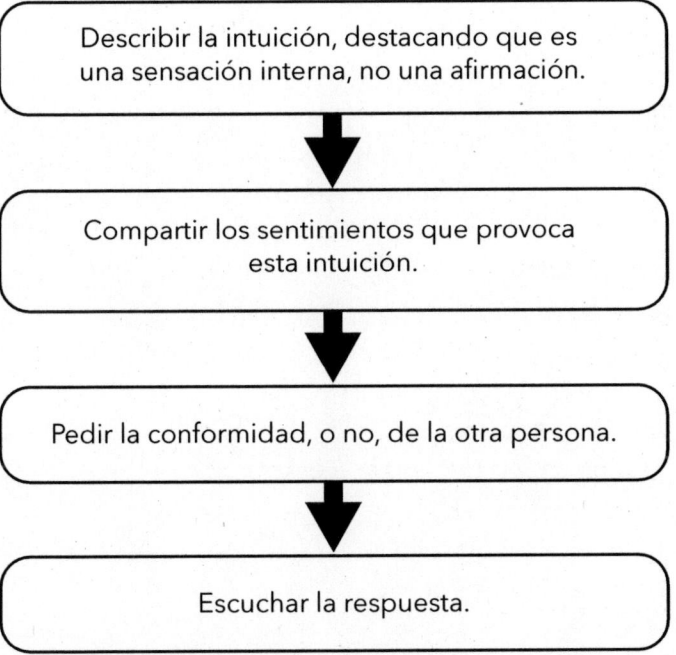

Haremos bien, por tanto, en aprovecharla.

La forma de comunicar una intuición es la siguiente:

Como se puede observar, el método es bastante similar a la técnica de acción-sentimiento, con la diferencia que ahora la situación que la origina no es externa, sino una sensación interna.

Puede suceder que la otra persona no confirme la intuición. En este caso podemos renunciar a ella, pero si no estamos demasiado convencidos, podemos hacer un segundo intento, esta vez rebajando el grado. Veamos un ejemplo de todo ello.

- *María: «Últimamente te noto distante, ya no comentamos las campañas como antes, incluso ni me pides la opinión para preparar las reuniones con los clientes. Esto me preocupa, trabajamos juntos desde hace mucho tiempo, ¿sucede algo?».*
- *Roberto: «No, no pasa nada, no sé por qué lo dices. Simplemente es que voy muy liado, el director nos está apretando mucho con las ventas».*
- *María: «Es mi sensación, no es nada concreto, pero creo que alguna pequeña cosa ha cambiado. A lo mejor lo he exagerado, pero noto algo que no me hace sentir bien...».*
- *Roberto: «Probablemente voy demasiado acelerado y estoy de mal humor muchos días, pero no te preocupes, no es nada que tenga que ver contigo...».*

En este ejemplo no había ningún problema entre María y Roberto, pero si María empieza a elaborar una explicación sobre lo que le ocurre a su compañero de trabajo, al final la relación se puede complicar. En el caso de que la intuición de María fuera cierta, se abre la posibilidad de tener una conversación cuando las cosas aún no han ido a más.

Cómo recibir una crítica

Hemos visto cómo criticar, pero, en ocasiones, también es necesario saber escuchar una crítica, aunque nos disguste o no esté formulada de una forma impecable. La crítica (respetuosa) puede ser un *feed-back* valioso para la persona que la recibe. El proceso para recibir una crítica es el siguiente:

Valorar si la crítica aporta alguna información útil (mirada hacia uno mismo).

Ayudar a que describan concretamente la conducta que nos piden cambiar.

Ayudar a que pidan claramente lo que esperan de nosotros.

Ofrecer la posibilidad de negociar si no estamos de acuerdo en su totalidad .

Por ejemplo, recuperemos a nuestra pareja (Roberto y Lidia):

Roberto: «Estoy harto de sentirme cuestionado. Haga lo que haga te parece mal, solo expresé mi opinión sobre lo que le convenía a nuestra hija...».

Lidia (después de meditar si hay alguna parte de la crítica de Roberto que puede ser útil. Si cree que no, debe poner límites, como hemos visto antes. Pero imaginemos que la conclusión es que puede ser que últimamente esté demasiado tensa por el trabajo y puede estar irritable en casa): «Me gustaría que me explicaras cómo te he cuestionado».

Roberto (irónicamente): «¿De verdad no lo sabes?».

Lidia: «De verdad, no estoy de broma, para mí es importante saberlo».

Roberto: «Es el tono de voz. Tu manera de hablar me transmite que crees que soy rígido e inflexible...».

Lidia: «O sea, que si expreso mi opinión, pero de otra manera, no te sentirás cuestionado, ¿es eso?».

Si la crítica no hace referencia a nuestro comportamiento, sino que es una descualificación, o la forma de manifestarla es agresiva, no debemos aceptarla y debemos expresar asertivamente el límite que no estamos dispuestos a permitir que se traspase (ver el aparatado anterior).

Como podemos ver, recibir una crítica no es una conducta pasiva y basada en la paciencia o la buena voluntad. Todo lo contrario, es una respuesta activa que busca encontrar lo que haya de constructivo y eliminar el resto.

Cómo pedir disculpas

A pesar de todas las precauciones, siempre corremos el riesgo de hacer algo que pueda molestar o herir a la otra persona. Si esto sucede debemos pedir disculpas.

Pedir disculpas no es decir, de una forma más o menos rutinaria, un «lo siento». Es necesario transmitir claramente a la otra persona que somos conscientes de las consecuencias de nuestros actos, aceptar la responsabilidad por la acción hecha, los sentimientos que provoca esta responsabilidad y un compromiso de futuro:

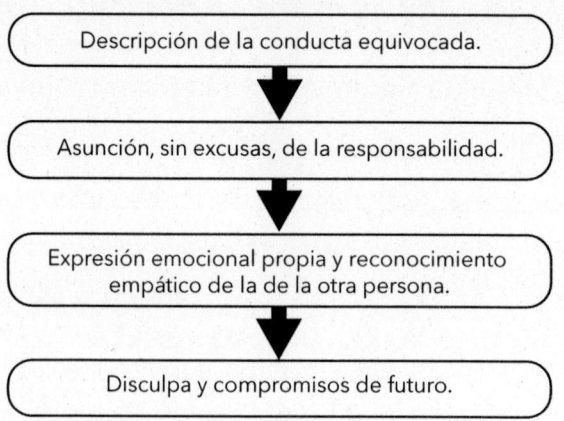

Descripción de la conducta equivocada.

Asunción, sin excusas, de la responsabilidad.

Expresión emocional propia y reconocimiento empático de la de la otra persona.

Disculpa y compromisos de futuro.

Volvamos a la relación entre María y Roberto. Imaginemos que este no ha respaldado a María en la defensa de un proyecto ante su jefe común, a pesar de que lo habían comentado y Roberto estaba de acuerdo con María sobre la oportunidad del proyecto. María, al acabar la reunión, le manifiesta a Roberto su malestar y le acusa de dejarla sola ante las críticas del jefe sobre la propuesta.

- *Roberto: «María, sé que estás irritada conmigo por no haberte apoyado más en la reunión y tengo la sensación de que crees que te he abandonado cuando he visto la reacción del jefe (intuición). Comprendo que ha sido muy frustrante para ti, tanto su reacción como mi poca participación, y ahora me siento mal por no haberte apoyado más…».*
- *María (interrumpiendo a Roberto): «Es que me has dejado sola…».*
- *Roberto: «Comprendo que te sientas así, y ahora lo haría diferente, lo siento. Cuando he visto que cuestionaba el proyecto desde el principio he pensado que no era el día oportuno para hablarlo, ya lo conoces, pero en todo caso podía haber intervenido, aunque fuera para proponer hablarlo en otra ocasión. Mi comportamiento no te ha ayudado, lo sé, y me siento mal por ello. Hablaré con él y le diré que comparto contigo la idea y que creo que deberíamos hablarlo con más calma».*

La disculpa de Roberto no busca que María cambie de humor de repente (sería muy difícil a corto plazo), pero sí puede conseguir que la relación no quede perjudicada en el futuro. No se trata de buscar excusas o de tranquilizar a la otra persona. Lo que buscamos con la disculpa es comunicar a la otra persona nuestra responsabilidad, empatía y voluntad de reparar, en lo posible, el daño que se ha hecho.

La potencia de la disculpa reside en la comprensión por parte de la persona perjudicada de las circunstancias, motivos o equivocaciones que pueden explicar la conducta que la ha perjudicado.[34] Solo desde esta comprensión profunda, la relación se puede reconstruir, aunque sea parcialmente.

Como hecho relacional, la disculpa implica a las dos personas. La que se disculpa contribuye con su conciencia, responsabilidad y ofrecimiento. La persona perjudicada, con su escucha, comprensión y empatía.

Hasta ahora hemos visto algunas acciones para mejorar situaciones que son difíciles, crean tensión y nos hacen sentir mal. Pero me he referido a momentos poco fluidos en el seno de relaciones que, en general, son satisfactorias. En el capítulo siguiente daré un paso más y nos adentraremos en las relaciones que se han estructurado mal. Es decir, relaciones que de forma estable son, como mínimo, poco funcionales, y en el peor de los casos, conflictivas.

Algo ha fallado para llegar a relaciones que no funcionan de manera permanente. Estas relaciones generan malestar e incluso dolor, pero son muy habituales. Todas las personas las hemos tenido, las tenemos y, seguramente, las tendremos. Ello es debido a muchos motivos. En estas páginas he apuntado algunos. Puede ser que los cinco principios relacionales (capítulo 2) no se hayan tenido en cuenta, o que las personas enfrentadas vivan en un ecosistema (una familia, una empresa) poco sano, como hemos visto en el capítulo 3. O, quizás, hay heridas muy antiguas que no han sido superadas. O un poco de todo ello.

El caso es que para afrontar estas relaciones más difíciles ya no bastarán las cinco habilidades básicas que hemos visto en el capítulo 5, ni tampoco los métodos que acabamos de ver recomendados para afrontar situaciones difíciles. Ahora necesitamos métodos más profundos.

---

34. Este proceso, que puede ser difícil y profundo, queda bien reflejado en la película *Maixabel* (Icíar Bollaín, 2021) en un tema dramático como es la violencia terrorista.

7.

Abordar el conflicto

En nuestro recorrido por las relaciones hemos llegado a las más difíciles de modificar. En los conflictos es el propio vínculo el que está deteriorado, ya que no estamos hablando de una discusión puntual más o menos desagradable, sino de una relación que, recurrentemente, se basa en la desconfianza, la descalificación y la discrepancia competitiva.

Todos tenemos conflictos y, por tanto, sabemos hasta dónde pueden llegar a desgastar a las personas y a crear entornos tóxicos. Pero el conflicto forma parte de la naturaleza humana, ya que los seres humanos tenemos conductas competitivas, sentimos miedos o nos enfadamos con alguien y no sabemos cómo gestionar estas emociones.

Que sean inevitables no quiere decir que los conflictos sean positivos, como se puede leer a menudo. Esta es una opinión que no puedo compartir. Lo que resulta constructivo, si se gestiona bien, es la discrepancia, pero no el conflicto, que implica ver a la otra persona como un problema. La discrepancia se centra en los problemas; el conflicto, en las personas.

Como he repetido en diversas ocasiones, en el mundo relacional es bueno observar los tres niveles que afectan a las relaciones: la cultura del ecosistema en el que se produce la relación, la dinámica relacional en sí misma y los aspectos individuales de las personas implicadas.

Las relaciones de conflicto no son una excepción y, por tanto, exploraré los tres niveles. En primer lugar, me centraré en la mirada más general para diferenciar los ecosistemas que ayudan a tener relaciones sanas de aquellos que favorecen el conflicto. Después iré al nivel individual y recordaré que cada uno de nosotros tiene un cierto estilo de afrontamiento de los conflictos, y conocerlo es necesario para afrontar eficazmente estas situaciones. A continuación, veremos algunas recomendaciones para rebajar la tensión en un conflicto y algunas técnicas sistematizadas para afrontar situaciones específicas de conflicto. Finalmente, mencionaré, de forma muy resumida, la negociación como método de afrontamiento de conflictos.

El mapa del conflicto

En la presentación ya he comentado que las relaciones no son flores que crecen en medio de la nada. En determinados entornos o ecosistemas es más fácil que se produzcan relaciones cooperativas, y en otros es más factible que las relaciones sean competitivas e incluso conflictivas.

Para visualizar con una cierta facilidad el ecosistema que envuelve (y condiciona) las relaciones, podemos utilizar un mapa relacional, confeccionado con dos pares de variables, que representa el ecosistema.

En el eje vertical se considera la tendencia relacional hacia el consenso o hacia la discrepancia. Entendemos por consenso la búsqueda rápida de opiniones homogéneas, ya sean sinceras (por homogeneidad social) o instrumentales, para evitar problemas.

La discrepancia puede llevarnos al conflicto si se gestiona en un clima emocional negativo, o puede ser motor de crecimiento si se aborda en un clima emocional favorable.

En el eje horizontal ubicamos, precisamente, el citado clima emocional. En un extremo encontramos el miedo, en el sentido de desconfianza, evitación, inseguridad, secretismo, etc. En el otro, el amor, entendido como confianza mutua, complicidad, cooperación, etc.

Con los dos ejes resulta el mapa relacional siguiente:[35]

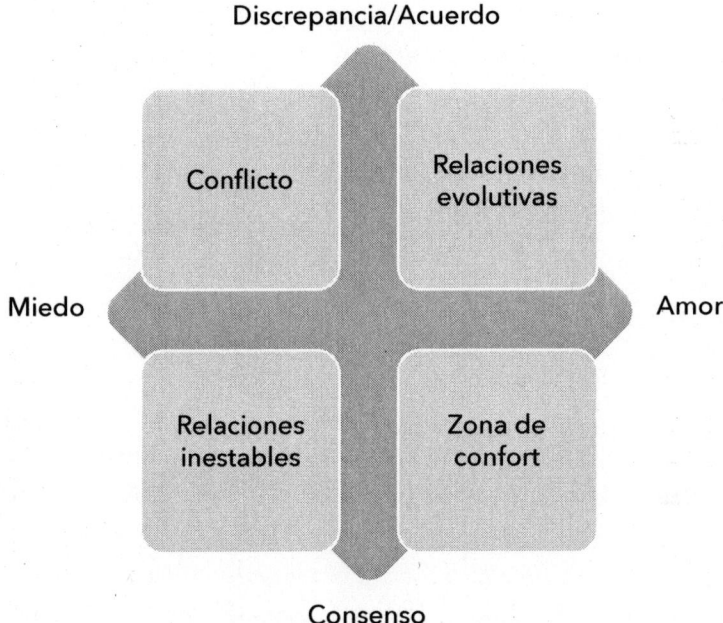

Podemos explicar el mapa siguiendo la evolución de una hipotética pareja.

---

35. Este mapa está inspirado en el presentado por el autor y Tino Prat en la obra *El mapa del conflicto* (2014), si bien en este libro está pensado exclusivamente para las relaciones en el trabajo.

Las relaciones que están en una «zona de confort» se fundamentan en el vínculo emocional positivo y en la coincidencia de puntos de vista y opiniones. El riesgo aparece cuando alguna de las personas empieza a no sentirse cómoda en este oasis. Es el caso de una relación de pareja en la que, una vez superadas las fases de enamoramiento e idealización romántica de la otra persona, se empieza a percibir que no se coincide en todo, por ejemplo, en la decisión de ir a vivir juntos o en la opinión sobre algunos de los miembros del grupo de amigos de la otra persona.

Este es un momento crítico, en el que la pareja puede decidir afrontar la discrepancia con transparencia, respeto y voluntad de llegar a un acuerdo, o caer en las manos del miedo y empezar a disimular las propias opiniones y sentimientos. Si se escoge la primera opción, la relación es evolutiva, es decir, se va adaptando con el paso del tiempo, y se van afrontando los dilemas cuando surgen. Si se va por el camino del silencio, la pareja irá generando relaciones inestables, basadas en el miedo a que la discrepancia perjudique la relación, y en consensos superficiales, basados en evitar la conversación y no en el logro de acuerdos fruto de un diálogo profundo.

Si la situación de evitación dura demasiado tiempo puede suceder que una de las dos personas, o las dos, empiecen a sentirse mal en la situación y rompan el pacto de silencio implícito. Esto, una vez más, puede significar una oportunidad de crecer y reconducir la situación hacia una relación evolutiva, o puede ser el inicio de un conflicto si el planteamiento es recriminatorio hacia el otro, no se acepta la corresponsabilidad o se manifiestan agresivamente las necesidades, en forma de reproche o de exigencia.

Es difícil que una relación se ubique en uno solo de los ecosistemas que refleja el mapa, excepto en los casos de «luna de miel», en los que la relación puede estar en una zona de confort larga, o de conflicto destructivo. La experiencia nos dice que hay algunas dinámicas que son muy habituales:

La primera se produce en relaciones que van alternando fases de conflicto explícito con fases de conflicto disimulado, en las que se evitan los temas más críticos, se producen muchos silencios y búsquedas de complicidad en terceras personas:

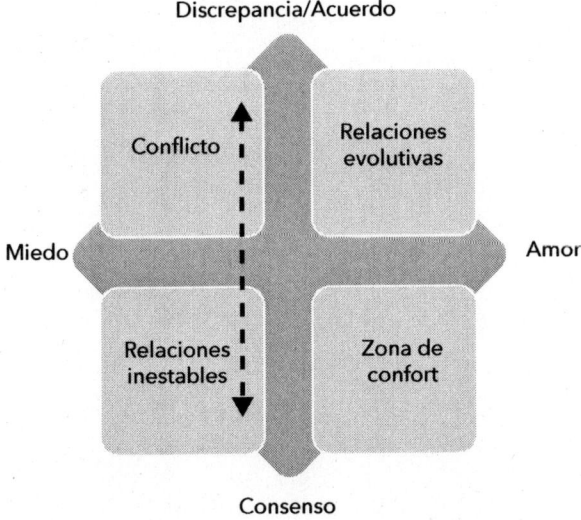

La segunda se produce en la alternancia de épocas de tranquilidad y confort y épocas de adaptación ante las nuevas situaciones o etapas de la vida:

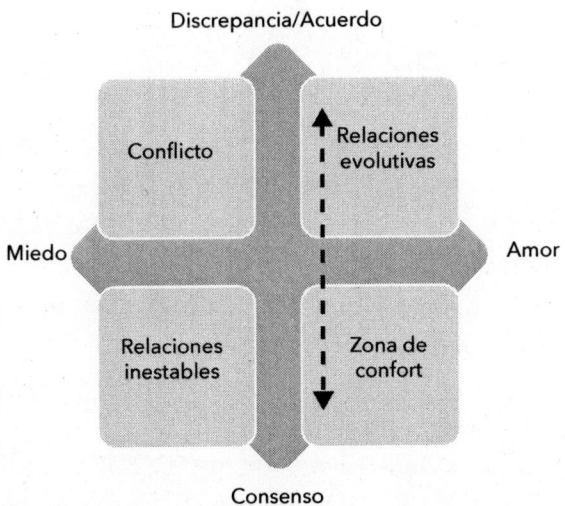

No es necesario decir que la segunda situación favorece las relaciones cooperativas y sanas, y la primera, las competitivas y conflictivas. Una tercera dinámica habitual se produce entre la tranquilidad de la zona de confort y la ansiedad de las relaciones inestables cuando las personas implicadas empiezan a darse cuenta de que la situación no es tan idílica pero no se atreven a abordar las discrepancias abiertamente, o las niegan bajo ideas como «es normal», «le pasa a todo el mundo» o cosas por el estilo:

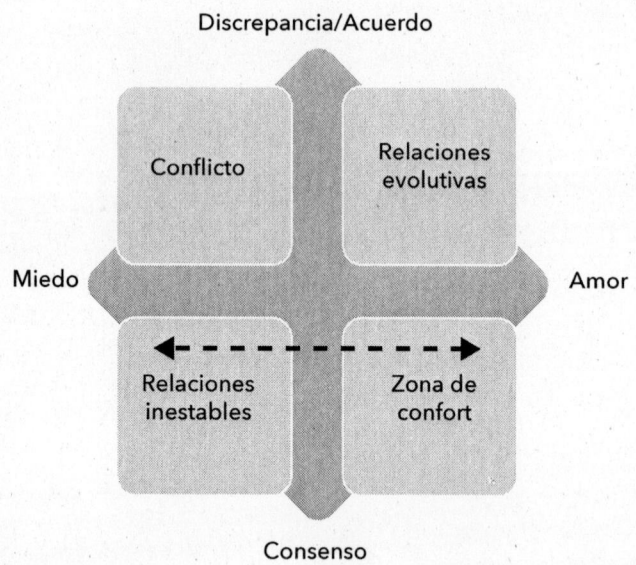

Lo que es importante recordar ahora es que las personas vamos estructurando nuestras relaciones mediante la generación de unos determinados vínculos, y cuando estos están activos limitan la autonomía de los individuos. Por poner un ejemplo, podemos hablar de las relaciones de dependencia en una pareja. Son las dos personas las que generan la dependencia, pero cuando esta constituye la manera de relacionarse, este vínculo determina los comportamientos aceptables de cada persona.

También es importante recordar que la pareja de nuestro ejemplo tiene constantemente oportunidades para hacer crecer la relación o permitir que se deteriore progresivamente. Para poder aprovechar la oportunidad del camino evolutivo, es necesario tomar conciencia de lo que está pasando, saber expresarlo (por ejemplo, siguiendo las recomendaciones que vamos proponiendo a lo largo del libro) y llegar a acuerdos de mejora relacional, por ejemplo, formulándose (mirada hacia uno mismo) preguntas como las siguientes:

▶ ¿Qué creemos ganar si seguimos igual?

▶ ¿Cómo nos vemos dentro de un año si nada cambia?

▶ Con sinceridad, ¿qué nos dificulta construir una relación mejor?

▶ ¿Qué necesitaríamos hacer para salir del ecosistema actual?

▶ ¿Por dónde empezamos?, ¿a qué nos comprometemos?

Estilos personales de afrontamiento del conflicto

Pero además del ecosistema, cada persona se posiciona a su manera ante las situaciones de discrepancia. Cuando he hablado de asertividad en el capítulo 5 ya hemos visto las tres conductas básicas: pasiva, agresiva y asertiva. Si profundizamos un poco, los expertos nos hablan de diversos estilos de afrontamiento en función de dos variables: defensa de los propios intereses y aceptación de los del otro. Así, aparecen unos estilos básicos, recordando que no existe una persona «pura», y que todos podemos cambiar de estilo en función del momento.[36]

---

36. Un cuestionario muy utilizado desde hace muchos años, y que se puede encontrar en la red, es el de Kenneth Thomas y Ralph Kilmann. Sus resultados pueden ofrecer al lector una primera aproximación a su estilo de afrontamiento.

▶ Integración: busca de acuerdos en los que ambas partes puedan satisfacer sus intereses en disputa.

▶ Compromiso: propuesta de negociación para llegar a un punto de encuentro.

▶ Evitación: evitar el contacto o al menos evitar hablar de los temas en disputa.

▶ Sumisión: acomodación (por inseguridad o miedo) a la posición de la otra persona.

▶ Competición: intento de imponer los intereses u opiniones propias.

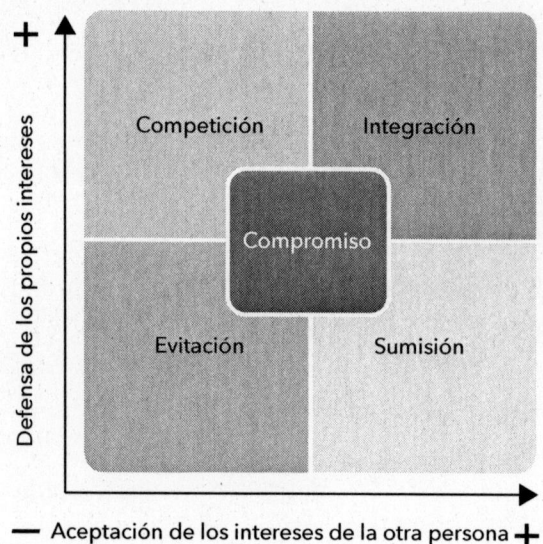

Como veremos en el apartado siguiente, la forma más efectiva para «desescalar» un conflicto es la combinación de diversos estilos, y depende del momento de la escalada del conflicto y de la reciprocidad en la respuesta de la otra parte en relación con la conducta emitida.

Como he dicho, el conflicto va más allá de una conversación subida de tono. El conflicto es una relación estructurada agresivamente, no un momento puntual de conversación excitada, por más que esta pueda ser un desencadenante de la construcción de un vínculo conflictivo.

En resumen, son necesarios dos factores que predisponen al conflicto: un ecosistema determinado y unas tendencias individuales de respuesta competitiva. En este contexto cualquier discrepancia puede encender la mecha.

Como «desescalar» un conflicto: ideas generales

En el argot de la gestión de conflictos, «desescalar» es el proceso para rebajar la tensión y la agresividad que abre posibilidades de acuerdo. Pero antes de hablar de «desescalar» hablaré de cómo se produce la escalada.

Podemos considerar dos niveles relacionales progresivamente más radicalizados y que, por tanto, provocarán conflictos cada vez más graves: discrepancia y personalización-culpabilización.

En el nivel de la discrepancia, la relación se centra en discutir sobre las opiniones o conductas. Cada persona considera que lo que piensa, dice o hace la otra persona es un error o no conduce a buen puerto. Recordemos que cuando la discrepancia va acompañada de la escucha, lejos de conducir hacia el conflicto es un factor de evolución.

Si la situación se alarga y empeora, se acaba por personalizar, es decir, ya no se habla de los problemas sino de las personas, de su contribución a los problemas. Es la fase en la que la conducta de los otros se antepone al hecho en sí mismo. Si el conflicto no se frena se llega a culpabilizar a la otra persona, y es su maldad, mala fe o cualquier otro defecto la causa de todo y, por tanto, la solución no puede ser otra que conseguir que la otra persona rectifique y se comporte correctamente.

Este proceso de escalada puede ir en paralelo al objeto de la disputa. No resulta igual de agresivo discrepar sobre las conductas u opiniones de la otra parte (lo que hace la otra persona) que cuestionar sus creencias o valores (lo que cree la otra persona). Finalmente, en el nivel máximo de conflicto se puede acabar por cuestionar la identidad de la otra persona (lo que es la otra persona).

Como resumen de un proceso que, evidentemente, no es lineal, y puede tener muchos matices, podemos ver en el cuadro siguiente cómo se combinan los dos procesos incluyendo las temáticas típicas de cada fase:

	Discrepancia	Personalización y culpabilización
Conductas y opiniones	Desacuerdo sobre la manera de hacer o sobre cómo solucionar un problema. Ejemplo: Esta no es manera de hablar a un cliente.	El comportamiento de la otra persona es el problema. Ejemplo: Vas a la tuya, y no lo podemos permitir.
Creencias y valores	Desacuerdo sobre los criterios o principios que han de regular la relación. Ejemplo: La amabilidad es un valor básico para tratar a los clientes y no me haces caso.»	Las creencias o valores de la otra persona son equivocados y resultan intolerables. Ejemplo: ¿Tú crees que yendo de colega los clientes estarán contentos?»
Identidad	Diferencias sobre las manifestaciones de la identidad (profesional, de género, social, etc.) y su incidencia en el problema Ejemplo: Aunque no te guste, por muy universitario que seas, soy tu jefe y debes tratar a los clientes cómo yo te digo.	Atribución a la identidad de la otra persona de ser la causa del conflicto. Ejemplo: Los jóvenes os creéis que lo sabéis todo.

En cualquier caso, el proceso de escalado se caracteriza por un aumento de la agresividad, una disminución de la escucha y la aparición de comportamientos progresivamente más competitivos que alejan la posibilidad de llegar a acuerdos. Además, la emocionalidad se va apoderando del comportamiento de las personas, lo que reduce las alternativas de acción a las conductas más primarias de ataque-huida.

Ahora hablaré sobre cómo desescalar un conflicto, por el momento en las ideas más generales, bien entendido que si el conflicto ha llegado demasiado lejos, seguramente las personas implicadas necesitarán ayuda externa, e incluso en ese caso el pronóstico puede no ser favorable y la mejor salida puede ser una separación amistosa (si eso es posible en el tipo de relación afectada).

De todas maneras, es importante tomar conciencia de que escalar o desescalar un conflicto es responsabilidad de sus protagonistas. Cualquier relación, incluso un divorcio, puede ser abordada competitivamente o cooperativamente, como nos recuerda la abogada Mon Tur en su libro *Divorcis amb amor* (Divorcios con amor), haciendo bueno el refrán que dice que «dos no se pelean si uno no quiere». Y si son los dos que no quieren, mejor que mejor.

A continuación, propongo diez recomendaciones básicas:

▶ Mirarse a uno mismo, antes de hablar con la otra persona, para asegurar que estamos dispuestos a escuchar y asumir la corresponsabilidad.

▶ Mirarse a uno mismo para ver si nuestro estado emocional es el adecuado para dialogar.

▶ Verificar que la otra persona también vive la relación como conflictiva y se siente incómoda.

▶ Preguntar a la otra persona si está dispuesta a hacer algo para mejorar la relación.

► No intentar hacer nada si es un momento de mucha tensión.

► Es mejor alternar ofertas cooperativas y respuestas más enérgicas. En conflictos un poco duros no acostumbran a funcionar «tácticas únicas», ya sean muy cooperadoras o muy duras.

► Tener paciencia. Un conflicto que lleva activo mucho tiempo no se arregla en una conversación.

► La negociación no es siempre posible, ni lo arregla todo. Además, hay cuestiones en las que se hace difícil hacer concesiones.

► El primer objetivo para desescalar es conseguir hablar del problema y de las discrepancias y dejar de hablar de las personas. Una vez conseguido el objetivo se puede intentar llegar a acuerdos sobre las discrepancias.

► Si no se llega a buen puerto, solicitar ayuda a terceras personas.

En los apartados siguientes veremos dos métodos, el diálogo cooperativo y la negociación, para encarar conflictos de una cierta gravedad. Por descontado, a lo largo del proceso se pueden utilizar las técnicas que hemos visto en capítulos anteriores, aunque por sí solas seguramente resultarían insuficientes.

Diálogo cooperativo

El concepto de diálogo nos refiere a una conversación entre dos (o más personas) que quieren llegar a un acuerdo. El calificativo de *cooperativo* destaca el hecho de que el acuerdo se consigue gracias a la participación de todos los implicados. Un diálogo cooperativo es, por tanto, una conversación en la que se quiere generar una nueva manera de ver los problemas y el conflicto, para llegar a un acuerdo sobre la relación que se quiere construir.

El diálogo cooperativo es más ambicioso que una negociación que se fundamenta en las concesiones mutuas para llegar a un acuerdo. En el diálogo cooperativo, el objetivo es generar un «nosotros» desde el que construir una nueva manera de abordar la situación. Implica el cambio en la mirada subjetiva de las dos partes y, por tanto, la decisión final es una solución emergente, muchas veces creativa, que no era contemplada antes por ninguna de las partes.

Es un proceso de inteligencia colectiva[37] restringida a dos o pocas personas, en el que se busca la disolución del Yo y Tú en un Nosotros como sujeto de las decisiones. Evidentemente, ello quiere decir que en las primeras etapas no se habla de las discrepancias, ni mucho menos del posible acuerdo, sino de cómo construir esta visión colectiva. Si las personas no comparten el relato sobre lo que está pasando, difícilmente se pueden poner de acuerdo sobre cómo solucionarlo. También deben ser conscientes de qué ganan con el acuerdo (y de qué pierden si no lo hay). Esto también diferencia este método de la negociación que se produce entre ambas partes defendiendo sus intereses, aunque lo hagan bajo principios de «ganar-ganar».

Las tres etapas del proceso son las siguientes:

1 Mirada hacia uno mismo para asegurar la voluntad de dialogar y para aflorar prejuicios distorsionadores.

2 Fluidez emocional.

---

37. Para ampliar el concepto se puede consultar el libro de Amalio Rey citado en la bibliografía, si bien está centrado sobre todo en procesos participativos sociales con un gran número de personas involucradas; centrado en el mundo de las organizaciones, véase el capítulo 9 de *Liderazgo inteligente* (Ll. Casado y G. Gimenez, 2022).

3 Diálogo con tres objetivos:

- Construcción del «nosotros».

- Reformulación relacional conjunta: qué debemos modificar del relato actual.

- Acuerdos de futuro.

Estas tres etapas deben considerarse como una hoja de ruta a adaptar en cada caso, poniendo el énfasis en una etapa u otra en función de las debilidades que vayamos identificando. También debemos recordar que, a lo largo del proceso, utilizaremos como técnicas específicas las cinco habilidades relacionales básicas y pueden ser útiles algunas de las conversaciones que hemos visto en el capítulo 6.

Óptimamente, las dos personas pueden acordar que dialogarán siguiendo esta hoja de ruta, teniendo en cuenta que las dos primeras etapas son individuales y previas al diálogo, y la tercera ya es relacional.

1 Mirada hacia un mismo para asegurar la voluntad de dialogar y para aflorar prejuicios distorsionadores

Antes de afrontar el diálogo, es recomendable observarse en el espejo, mirar hacia el interior de uno mismo para ver si se dan las condiciones para iniciar un diálogo cooperativo con la otra persona, o si existe alguna voz en nuestro interior que nos impulsa hacia conductas competitivas.

Para empezar, nos podemos hacer algunas preguntas del estilo de las siguientes:

- ▶ ¿Realmente quiero llegar a un acuerdo con esta persona?

- ▶ ¿Realmente me puedo orientar hacia el futuro y dejar de lado los posibles agravios del pasado?

- ▶ ¿Tengo alguna creencia que limita mi apertura al diálogo?

- ▶ ¿Tengo alguna duda sobre la sinceridad de la otra persona?

- ▶ ¿Quiero crear una relación mejor o pasar factura a la otra persona?

Si las respuestas no son claras, es necesario «limpiar» estas interferencias antes de empezar el diálogo. Por descontado, las dos personas estarán haciendo la misma reflexión por separado y en paralelo.

Veamos algunos supuestos, si bien el tipo de interferencia puede ser muy diverso.

Imaginemos que la primera pregunta no obtiene una respuesta clara. Hay una parte interna que quiere dialogar honestamente, pero otra parte impulsa a la persona hacia una conducta competitiva. Este diálogo interno nos puede bloquear y debemos acallarlo. Una forma puede ser formular una nueva pregunta: ¿qué necesitaría para apostar decididamente por el diálogo y abandonar la tendencia competitiva? Las respuestas pueden ir desde un simple «un poco de tiempo» hasta «poder decirle antes todo el daño que me ha hecho».

Sucede algo similar con los agravios no cerrados, o las dudas sobre la sinceridad de la otra persona. Esconderlos no funciona, es mejor expresarlos, por ejemplo, utilizando la forma de «acción-sentimiento» que hemos visto en el capítulo 6.

❷ Fluidez emocional

Como ya he comentado anteriormente, una relación conflictiva es una relación fuertemente emocional. La discrepancia concreta queda envuelta por unas emociones que acaban por apoderarse de la relación. Hay muchas emociones habituales en estas situaciones, como pueden ser, entre otras, la culpa, la vergüenza o la frustración, pero, sin duda, las dos grandes protagonistas son la rabia y el miedo.

Para abordar una conversación cooperativa necesitamos fluidez emocional, es decir, sentirnos de forma coherente en relación con la situación y el comportamiento de la otra persona. Lo que menos necesitamos es que el miedo o la rabia «decidan» por nosotros: por ello, antes de abordar la conversación, es recomendable hacerse un reconocimiento emocional preventivo. Empecemos por el miedo.

Como todas las emociones, el miedo tiene una función positiva que no es otra que la de protegernos de los peligros. De no disponer de la capacidad genética de sentir miedo, seguramente nuestra supervivencia como especie hubiera sido bastante corta y, en todo caso, las conductas de riesgo, como conducir a toda velocidad o tener hábitos perjudiciales para la salud, serían mucho más frecuentes de lo que son.

Pero como todas las emociones, el miedo también se puede convertir en un problema, cuando más que tener una función protectora, nos bloquea, o cuando intenta protegernos de riesgos inexistentes o muy poco probables. Muchas veces estas disfunciones en el funcionamiento del miedo provienen de aprendizajes emocionales que hemos tenido en la infancia, en los que ahora no entraré.

Si el miedo nos está informando de que un conflicto es una situación en la que está bien ser prudente, bienvenido sea. Por el contrario, si nos está bloqueando (evitando una conversación, por ejemplo) o nos hace tener fantasías catastróficas sobre la solución del conflicto («no hay nada que hacer», «seguro que se saldrá con la suya»), deberemos tener una «conversación» previa con este miedo. Es una manera metafórica de hablar, pues es evidente que la conversación es con nosotros mismos.

Y, ¿de qué tenemos que hablar con nosotros mismos? Básicamente, de cuestiones como las siguientes:

▶ Concretamente, ¿de qué peligro me estoy protegiendo?

▶ ¿Es un peligro realista?

▶ Si fuera cierto, ¿qué es lo peor que me podría pasar?

▶ Estas consecuencias ¿son muy graves para mí?

▶ En situaciones anteriores similares, ¿tengo experiencias que me dicen que lo he resuelto bastante bien? ¿Qué hice entonces?

▶ De verdad, ¿estoy seguro de que no tengo las capacidades para afrontar esta situación con garantías?

▶ Además, ¿no puedo pedir consejo o ayuda a nadie?

En cada caso, la conversación incluirá cuestiones diferentes, pero, como se puede ver, giran alrededor de delimitar el peligro de forma realista (el miedo tiende a agrandar los riesgos) y a tomar conciencia de las experiencias de éxito y de las capacidades de que dispone la persona (el miedo tiende a minimizar las capacidades).

Iniciar la conversación con la otra persona bajo los efectos del miedo provocará, desde el punto de vista de los estilos de afrontamiento, que la persona adopte respuestas sumisas y ceda muy rápidamente ante los requerimientos de la otra.

La rabia es otro mundo.

La función positiva de la rabia es advertirnos cuando somos agredidos y así poder poner límites. Tiene una función protectora, pero utiliza otra vía que es distinta a la del miedo. Podemos sentir atacados nuestros pensamientos, actos, opiniones, creencias e, incluso, nuestra propia identidad, como ya se ha comentado antes. Manejar bien la rabia nos posibilita defendernos sin tener conductas agresivas, como hemos visto al hablar de asertividad o de la conversación para poner límites.

En el caso de la rabia, la conversación previa puede centrarse en los siguientes temas:

▶ ¿Qué aspectos de mí siento agredidos?

▶ ¿Cuál de mis derechos siento vulnerados?

▶ ¿Estoy atribuyendo voluntariedad, incluso maldad, a la otra persona por hacerlo?

▶ ¿Quiero ganar el combate o generar una relación mejor?

▶ ¿Qué creo que pasará si gano?

▶ ¿Puedo asumir una cierta corresponsabilidad en la generación de la situación conflictiva?

▶ ¿Tengo claro que una cosa es sentir rabia y otra, tener conductas agresivas?

▶ ¿Cómo podría canalizar asertivamente esta rabia?

▶ ¿Pueden ser útiles técnicas de relajación para dialogar mejor?

No se trata de dialogar con la otra persona desconectando las emociones, sería imposible; solo se quiere evitar que las emociones malogren los intentos de construir una nueva relación.

Como acabo de comentar, la rabia es una respuesta a estímulos del entorno (a veces estímulos prefabricados por nuestras creencias o prejuicios) que nos permite reaccionar cuando nos vemos amenazados. Uno de los elementos que puede verse amenazado, y que es muy importante, son las necesidades. En muchas ocasiones, detrás de una respuesta agresiva hay una necesidad no satisfecha, y una petición no hecha (o no escuchada).[38]

Las dos personas deben mirarse al espejo y tomar conciencia de qué necesidades están siendo amenazadas, si las han expresado a la otra persona y si han sentido que esta las escucha o entiende. Esta es una responsabilidad individual de mirada hacia uno mismo.

La segunda parte, y esto ya conecta con el mundo relacional, se concreta en compartir las dos reflexiones internas. Entonces llega el momento de la escucha para comprender la vivencia de la otra persona, aunque nos resulte extraña o la consideremos equivocada.

❸ Diálogo

La última parte de la segunda etapa nos ha llevado al terreno relacional. Ha llegado el momento de empezar a «hacer equipo»: si el conflicto nos perjudica a los dos, juntos podemos afrontarlo mejor. Se trata de pasar de competir para ver quién tiene razón a construir un «nosotros» que busque crear una relación más satisfactoria.

---

38. Este planteamiento está cercano al de la comunicación no violenta. Rosenberg pone el énfasis en la responsabilidad individual para observar (sin evaluar) lo que nos hace sentir mal, tomar conciencia de los sentimientos que nos provoca, identificar las necesidades que originan los sentimientos y formular una petición a la otra persona. Considera que la conciencia individual evita la propia violencia. En mi opinión, la cuestión que debemos enfatizar más es la corresponsabilidad relacional desde el punto de vista de la influencia mutua entre las dos personas durante la interacción.

Amalio Rey, en su libro sobre inteligencia colectiva, que de eso estoy hablando, argumenta que un compromiso colectivo solo aparecerá si hay conciencia de la interdependencia y corresponsabilidad individuales.

Esto quiere decir que las partes en conflicto reconocen su participación en el deterioro de la relación, y comprenden que una relación es un proceso de interacción mutua, en el que las causalidades lineales («yo hago porque tú has hecho…») no nos explican bien lo que sucede. Más bien estamos en el mundo de las causalidades circulares, en el que «quién empezó» no tiene demasiada importancia, a no ser que este hecho desencadenante inicial fuera de una gravedad extrema.

En las conversaciones de conflicto, las dos partes van cargándose de razones que justifican que la otra persona es la mala. Esto no lleva a ninguna parte, y es más sensato darse cuenta de cómo lo que dice una persona es una respuesta discrecional a lo que ha dicho la otra, y que, a su vez, influirá en lo que dirá la primera persona a continuación. En la línea de lo que afirma el psicólogo Kenneth Gergen, cada respuesta es una oportunidad para invitar a la otra persona a escalar o desescalar el conflicto.

Un ejemplo muy simple con dos versiones de la misma situación lo podemos encontrar en esta breve conversación entre dos amigos:

- Ramón: «¡Estoy harto de ti!».
- Pablo: «¡Pues mira que yo!».

Pero la respuesta de Pablo puede ser diferente:

- Ramón: «¡Estoy harto de ti!».
- Pablo: «Me duele que digas esto, me gustaría que lo habláramos…».

Con esta segunda respuesta, Pablo no tiene ninguna garantía de hacer las paces, pero invita a Ramón a desescalar la tensión. Con la primera respuesta tiene la garantía de escalada del conflicto.

La construcción del «nosotros» como protagonista fomenta un diálogo en el que se abordan cuestiones que pueden favorecer la interdependencia y la corresponsabilidad. Se trata de compartir con la otra persona cuestiones como las que siguen:

▶ ¿Por qué estoy dolido o agresivo?: la conversación interna que hemos visto sobre las necesidades amenazadas es un buen inicio. Las preguntas para comprender mejor la vivencia de la otra persona o las peticiones también ayudan a generar la sensación de situación provocada conjuntamente y que, por tanto, pide una solución también conjunta.

▶ ¿Por qué es importante para mí tener una buena relación con la otra persona?: tomar conciencia de los «beneficios» de mejorar la relación.

▶ ¿Qué relación quisiéramos tener?, ¿qué me haría sentir bien?: compartir la relación que quisiéramos, aunque no sea idílica; simplemente debe ser una relación por la que vale la pena trabajar.

▶ ¿Qué puedo aportar para conseguirlo?: qué compromisos puedo asumir.

▶ ¿Qué necesito de la otra persona para conseguirlo?: qué compromisos pido.

▶ Si no lo conseguimos, ¿cómo estaremos dentro de un mes (o un año)?: tomar conciencia del coste del conflicto.

▶ ¿Qué reglas relacionales queremos respetar durante nuestro diálogo?: como, por ejemplo, escucha, respeto, buen humor o sinceridad. ¿Nos podemos comprometer a respetarlas?

Si ya ha aparecido la conciencia del «nosotros», es decir, una finalidad compartida suficientemente fuerte, este nuevo sujeto debe hacer frente a una primera tarea: revisar la definición de la situación que han estado haciendo los dos protagonistas. No olvidemos que una situación de conflicto se basa en la manera subjetiva con la que cada parte se explica lo que está pasando. Hay una parte real, seguro, pero también una parte subjetiva e «inventada», también con toda seguridad.

Para completar el relato, como hemos visto en el capítulo 6, hay que hablar de las omisiones, las distorsiones o las generalizaciones que pueden desfigurar la situación. Muchas veces en este ejercicio aparecen nuevas realidades que, en un principio, sorprenden a los protagonistas, pero después abren vías para la mejora relacional.

Kenneth Gergen nos dice que un problema se puede reformular revisando cómo se están definiendo cuatro factores: la situación, la relación y la definición de los dos protagonistas. Estas definiciones provienen de la subjetividad con la que afrontamos las situaciones, pero también de las distorsiones cognitivas que todos tenemos y que hacen que simplifiquemos la realidad (lo que los psicólogos llamamos *sesgos cognitivos*), o de las emociones que interfieren a la hora de moverse en la situación.

Podemos combinar ambas perspectivas y nos aparece la matriz de revisión del relato que ha generado el conflicto:

Cada persona puede realizar por separado su matriz y después contrastarlas, o bien, y más recomendable, las dos personas pueden construir juntas la matriz, y «aprueban» el nuevo relato que aparece una vez revisadas las historias.

En el proceso es importante ser consciente del marco[39] que está condicionando la conversación. Un marco competitivo se trasmite mediante palabras como yo-tú, ganar-perder, ataque-defensa,

---

39. Nos inspiramos aquí en el concepto de marco que ha popularizado el lingüista George Lakoff (2021) aplicado, sobre todo, al mundo de la política. Los marcos son modelos mentales que dibujan una visión del mundo. Los marcos se manifiestan mediante el lenguaje y, por tanto, si queremos cambiar un

	Omisiones	Generalizaciones	Distorsiones
La situación			
La relación			
Conductas o actitudes de la persona A			
Conductas o actitudes de la persona B			

verdad-mentira y cualquier polaridad similar. Un marco coope-rativo se manifiesta en un lenguaje repleto de nosotros, confian-za, colaboración, acuerdo. El marco imperante en la conversación es lo que da sentido a lo que se dice. En un marco esencialmen-te competitivo, una expresión de debilidad o el reconocimiento de un error pueden ser peligrosos, pero en un marco básicamen-te cooperativo significan un paso hacia adelante.

Desde la perspectiva del relato, el marco delimita el dilema cen-tral de la historia, el problema que nos separa. Si el tema central es, por ejemplo, la desconfianza, los comportamientos de control pasan a ser coherentes. Si, por el contrario, el dilema central sobre el que estamos hablando es la autonomía individual, el control se convierte en un problema.

---

marco, es necesario cambiar el lenguaje. Las palabras evocan y mantienen las ideas que configuran el marco.

El lenguaje no describe la realidad exclusivamente, sino que también la puede crear. Por tanto, se trata de crear, desde el «nosotros», una realidad que nos acerque al acuerdo, no una realidad que nos acerque al conflicto desde las discrepancias entre los dos «yo».

En este momento, si todo ha ido bien, las dos personas han construido un «nosotros» como protagonista para revisar los relatos que habían conducido al conflicto. Esto les permite definir la situación de una nueva manera, compartida y cooperativa: se trata de asumir de forma compartida el problema que han tenido y que la manera de afrontarlo ha sido ineficaz. También que la situación se puede visualizar de una forma alternativa.

Esta nueva definición es una especie de síntesis del diálogo producido, pero no es simplemente el acta de las conversaciones, porque en el hecho de reescribirlo, las partes del relato se integrarán de otra manera, el relato tendrá un sentido diferente y emergerá una nueva narración.

La última etapa es concretar los acuerdos sobre las acciones que los dos se comprometen a realizar para cambiar su relación. Es una conversación en la que cada parte aportará todo lo que crea válido para después integrarlo en acciones concretas. No se trata de debatir sobre qué acciones son las mejores, sino de integrarlas en un acuerdo compartido.

No hay debate entre la opción *a* y la opción *b*, pues de entrada se aceptan las dos. En ocasiones las dos personas (y con mayor razón si estamos hablando de más personas) aportan gran cantidad de ideas y necesitaremos integrarlas, haciendo tres categorías:

▶ Ideas muy similares, aunque puedan ser expresadas de formas distintas: las podemos unificar.

▶ Ideas diferentes pero que resultan complementarias: las podemos integrar.

▶ Ideas diversas y no compatibles: hay que negociarlas.

Para ejemplificar el método, imaginemos una pareja que ha pasado por serias dificultades durante un cierto tiempo. De forma sintética seguiremos el proceso de diálogo cooperativo en sus diferentes etapas (la parte individual la supondremos completada):

- *Carlos: «Ahora me doy cuenta de que he estado acumulando resentimiento porque creía que no valorabas lo suficiente mis esfuerzos para progresar económicamente, y también veo que el hecho de que tú ganes más dinero que yo hería mi orgullo. Me gustaría que recuperáramos la relación que teníamos cuando lo más importante éramos nosotros, no el dinero o la hipoteca»* (fluidez emocional).
- *Rosa: «Yo te veía malhumorado siempre, ya no eras la persona risueña de antes. Al final me cansé y me doy cuenta de que empecé a no hacerte caso. Quizás debía habértelo dicho antes y pedirte un esfuerzo, no por el dinero, sino para sentirte mejor. Estoy de acuerdo en recuperar la relación, pero no podemos olvidar que tenemos una hipoteca. Quisiera pedirte si puedes asumir que ahora yo gano más dinero que tú, pero que la hipoteca es de los dos»* (construcción del nosotros).
- *Carlos: «Me puedo comprometer a esforzarme, pero necesito saber que, si algún día estoy de mal humor, esto no te distanciará…»* (construcción del nosotros).
- *Rosa: «De acuerdo, pero entonces pídelo, no esperes que yo esté siempre pendiente de tu humor… Y, además, necesito que volvamos a ocuparnos de nuestra relación, no quiero que se convierta en una relación de obligaciones y responsabilidades. Quiero disfrutar»* (cambio de relato).
- *Carlos: «Te entiendo, aunque me cuesta olvidarme de la situación económica»* (cambio de relato).
- *Rosa: «Llevamos diez años juntos y no ganas tanto como antes, ¿de verdad crees que debemos permitir que eso nos amargue? Si*

seguimos así, dentro de un tiempo yo estaré harta» *(cambio de relato)*.

Carlos: «No quisiera que pase eso, para mí eres muy importante» *(construcción del nosotros)*.

Rosa: «Y para mí tú también lo eres, pero si la relación empieza a ser un lugar lleno de problemas y sin que nos lo pasemos bien, me volveré a distanciar. Necesito que pongamos la relación como prioridad, el dinero ya lo buscaremos...» *(cambio de relato)*.

Carlos: «O sea, que hemos de vivir más al día y pasarlo bien...» *(cambio de relato)*.

Rosa: «No te rías, afortunadamente no tenemos grandes problemas económicos y no debemos permitir que nos conviertan la vida en un problema...» *(cambio de relato)*.

Carlos: «De acuerdo, pero ¿cómo lo hacemos?» *(redefinición y acuerdos)*.

Rosa: «Lo que te pido es que diferencies las cosas, no tenemos problemas graves, ¿verdad?, los dos queremos estar bien juntos, ¿no?».

Carlos: «Sí...».

Rosa: «Pues pongamos la relación en primer plano, y si te cuesta quiero que me lo digas» *(redefinición y acuerdos)*.

Carlos: «De acuerdo, pero si algún día no lo llevo bien necesito que lo comprendas» *(redefinición y acuerdos)*.

Rosa: «Un rato, si te dura mucho...» *(ríen los dos)*.

Es importante ver que el diálogo puede avanzar y retroceder, que las fases del método no dejan de ser teóricas y que las conversaciones reales son más difíciles de encasillar. También que los acuerdos no son «soluciones de problemas», sino alternativas que van surgiendo gracias al propio diálogo, y que se van generando y validando, o no, en aquel momento concreto.

Cómo negociar

A veces no resulta posible construir un acuerdo válido para ambas partes y será necesario negociar, conscientes de que una negociación implica concesiones y, por tanto, el acuerdo final, si se alcanza, no será del todo satisfactorio para las dos partes.

La negociación es un proceso en el que dos partes, que tienen intereses comunes en disputa, deciden hablar con el objetivo de llegar a un acuerdo. La mejor negociación es la que sigue el principio de «ganar-ganar» (negociación cooperativa). «Vencer» a la otra parte es el germen de un conflicto futuro si la relación no es puntual.

La negociación se basa en la existencia de unas necesidades que cada parte cree que puede satisfacer gracias a los recursos que tiene la otra parte. Una necesidad es algo que consideramos importante para nuestro bienestar, ya sea material o psicológico. Es útil diferenciarla del deseo, que es la forma en la que nos gustaría que se satisfaga una necesidad, y puede ser más fácilmente negociable.

La negociación debe planificarse. La improvisación conduce al fracaso. Para preparar una negociación nos debemos formular una serie de preguntas antes de hablar con la otra persona. Una vez más, la fase individual ayuda a preparar la fase relacional. En este caso las preguntas pueden ser:

▶ **¿Es oportuno negociar?**

Es decir, ¿se dan las condiciones necesarias, como, por ejemplo, la voluntad de negociar para cerrar un acuerdo, o la disposición a ceder? También conviene asegurar que la relación de poder es suficientemente simétrica, ya que no se puede negociar con una persona que puede dejar de cumplir los acuerdos, o que puede imponer alguna alternativa no deseada (este hecho es muy importante en relaciones profesionales).

▶ **¿Qué negociamos?**

¿Hemos definido bien el problema o la situación sobre la que discrepamos?, y ¿la definición del problema es suficientemente compartida? Clarificar estos aspectos es importante, ya que si no compartimos el problema difícilmente serán compartidas las ideas de solución. También es fundamental asegurar que las dos partes están orientadas a buscar soluciones, no culpables. Una negociación no es un juicio, es una conversación para mejorar una situación gracias al esfuerzo de las dos partes en litigio.

▶ **¿Conozco a la otra parte?**

Sus necesidades, sus recursos, el poder de decisión, el estilo de negociación. Y también, ¿he definido mis objetivos (mínimo a obtener, máximo a ceder, objetivo diana razonable)?

▶ **¿He preparado los argumentos para defender mis objetivos?**

Los argumentos deben ser pocos, consistentes y expresados en positivo.

Durante la negociación, que no deja de ser un proceso relacional, debemos mantener una actitud de ganar-ganar que caracteriza una negociación cooperativa. Esta actitud se manifiesta en:

▶ Buscar el beneficio mutuo (ganar-ganar).

▶ Centrase en la situación, no en la persona.

▶ Negociar sobre las necesidades y deseos, no sobre las posiciones.

▶ Generar un clima de confianza.

▶ Negociar el futuro, no intentar cambiar el pasado.

▶ Buscar un acuerdo creativo, y en último término una solución de consenso de mínimos.

Durante la conversación negociadora es importante que los comportamientos de las dos personas faciliten los acuerdos y no la competitividad. Muchas de las técnicas que he mostrado en los capítulos anteriores van en esta dirección. Así, el respeto, escuchar y preguntar más que hablar, la asertividad, el uso de formas comunicativas cooperativas («si yo hago... tú podrías...») o el *feed-back* son muy útiles para poder tener una conversación cooperativa.

También hay que ir con cuidado con las formas relacionales que pueden complicar el acuerdo, como, por ejemplo, las luchas de argumentación-contraargumentación, que refuerzan las posiciones, no diferenciar los argumentos (demostrables) de las opiniones, que son lícitas pero subjetivas, o los intentos de influencia y manipulaciones (cognitivas o emocionales). Todos estos temas han sido comentados en capítulos anteriores.

Finalmente, es útil conocer una serie de recomendaciones que facilitan que la conversación avance:

▶ Pedir un aplazamiento (utilizando el «tiempo muerto») si la conversación está muy cargada emocionalmente.

▶ Centrase primero en los puntos en los que pueden producirse acuerdos más inmediatos porque las visiones están más cercanas.

▶ Negociar sobre diversos temas, no limitarse a una única propuesta.

▶ Intentar ir cerrando acuerdos parciales.

▶ Concretar los acuerdos y la forma de verificación de su cumplimiento.

Como se puede comprobar, negociar no es coser y cantar. Son necesarias voluntad, habilidades y práctica.

En ocasiones, el conflicto ha escalado demasiado y la negociación no es posible o no ha funcionado. Queda un último recurso: la mediación, que es, por decirlo así, una negociación facilitada por la presencia de una tercera persona imparcial y formada. Es útil en problemas familiares o vecinales, divorcios, litigios empresariales y en muchos otros ámbitos. En el caso de las empresas, la persona mediadora puede ser una persona del departamento de recursos humanos o un profesional externo contratado especialmente.[40]

No profundizaremos más en la mediación, ya que, como resulta evidente en esta introducción, es una técnica que exige formación y experiencia y, por tanto, se aleja de las finalidades de este libro dirigido a las personas no profesionales. Intentar actuar como mediador *amateur* es una buena manera de meter la pata y no ayudar a las personas en disputa.

---

40. La Generalitat de Catalunya dispone de un servicio a la ciudadanía en el Centro de Mediación de Catalunya: https://justicia.gencat.cat/ca/ambits/mediacio/mediacio_dretprivat/.
Muchos ayuntamientos también disponen de servicios de mediación a los que puede acudir la ciudadanía.

8.

El mapa relacional personal

U na última recomendación. La mejora relacional no es, exclusivamente, la aplicación de una serie de técnicas, aunque, como hemos visto, estas pueden ser de mucha ayuda. La mejora relacional empieza con la conciencia de cada persona sobre su mundo relacional.

Muchas veces solo nos damos cuenta de que algo no va bien en nuestro mundo relacional cuando alguna relación importante entra en crisis. Si es así, está bien que intentemos arreglarlo, pero no hay que llegar a una situación de crisis para mejorar nuestras relaciones.

Parece más sensato tomar conciencia del mundo relacional personal y proactivamente emprender las iniciativas de mejora necesarias. La intervención en crisis es reactiva, pero en muchas ocasiones podemos prevenirla y actuar antes de que se produzca.

Para visualizar el mundo relacional en el que vivimos podemos confeccionar nuestro mapa relacional personal. El mapa permite identificar a las personas que forman, o podrían formar, parte de nuestra vida y efectuar una revisión periódica de la salud de nuestras relaciones.

El mundo relacional de las personas adultas acostumbra a configurarse en tres ámbitos: la familia, la vida social y el mundo profesional. En cada uno de ellos podemos encontrar personas importantes para nosotros. Son aquellas personas que son necesarias para nuestro bienestar y para conseguir nuestras finalidades.

Estas personas ocupan roles muy diferentes, como pueden ser familiares más o menos cercanos, la pareja, los hijos, los amigos de la infancia, los amigos sociales de la vida adulta, los compañeros de trabajo, etc. Tienen papeles muy diversos, pero todas ellas completan el rompecabezas relacional que nos puede dar la plenitud.

Una primera mirada sobre la presencia que tiene cada ámbito relacional ya puede ser ilustrativa. Hay personas en las que algún ámbito ocupa un espacio desmesurado. Puede ser la vida profesional que ha anulado la vida familiar o privada, o la vida familiar que está limitando la vida social, por poner dos ejemplos bien frecuentes. Es necesario un cierto equilibrio relacional para que el balance final sea armónico.

Cada ámbito nos aporta nutrientes relacionales diferentes, y todos son necesarios para la salud. Sucede algo parecido a la salud física, en la que el bienestar requiere un equilibrio entre las diferentes partes de nuestro organismo. Si tenemos una excelente salud del aparato circulatorio, pero deficiente en el aparato digestivo, nuestra salud global es deficiente. Tener una excelente vida de pareja sin vida social no es recomendable, ni vivir para los hijos sacrificando la vida profesional, ni tener unas fantásticas relaciones con los compañeros de trabajo sacrificando la vida personal.

Necesitamos buenas relaciones en cada ámbito y un equilibrio razonable entre ellos.

En un segundo nivel de reflexión podemos identificar las personas que son importantes para nosotros en cada ámbito. Los motivos pueden ser muy diversos: afinidad intelectual o ideológica, proximidad emocional, sinergias prácticas, diversiones compartidas, o cualquier otro. En cualquier caso, se trata de aquellas personas que pueblan nuestro paisaje relacional y que queremos que lo sigan haciendo.

Para cada una de estas personas nos podemos preguntar si la relación actual responde a lo que esperamos y necesitamos (nosotros y la otra persona), o no. Si la respuesta es afirmativa, debemos darnos cuenta de qué hay que hacer para mantener la relación. Las relaciones son como las plantas, necesitan ser regadas periódicamente.

Pero puede ser que la relación esté mustia (y continuamos con el símil de las plantas). No hay ningún problema obvio, pero a la relación le falta frescura y vitalidad y sería buena idea revitalizarla. Sería el caso de aquel amigo o amiga importante para nosotros a la que hace tiempo que no vemos, o aquella relación de pareja que ha caído en una cierta rutina. Revitalizar, en estos dos ejemplos, quiere decir hacer una llamada para quedar y charlar u organizar un fin de semana sorpresa en un hotel bonito.

En ocasiones ya no estamos hablando de revitalizar, sino de reconstruir una relación que había sido buena y, por algún motivo, ha quedado perjudicada. Para reconstruir una relación pueden ser útiles algunas de las técnicas que hemos visto en capítulos anteriores.

Finalmente podemos encontrar personas con las que no tenemos una relación consistente, ni buena ni mala, es una relación más superficial, y nos gustaría que no fuera así.

Muchas veces podemos estar frente al fenómeno de la invisibilidad al que me refería en el capítulo 3. A veces tenemos relaciones muy débiles o protocolizadas (caso habitual en el mundo laboral) simplemente porque nunca nos hemos detenido a mirar a aquella persona, ni le hemos preguntado nunca cómo está.

También es evidente que no podemos tener muchas relaciones muy profundas y personales. La mayoría de las personas con una vida bien rica prioriza las relaciones familiares cercanas, media docena de amigos íntimos y algunos compañeros de club deportivo, y algunos buenos compañeros de trabajo, aquellos con los que vamos a tomar café y comentamos temas no profesionales. Josep Pla ya nos hablaba de «amigos, conocidos y saludados». Hoy en día deberíamos añadir los «conectados» gracias a las redes sociales.

Esto es así para la mayoría de nosotros, pero también lo es que la mayoría de las personas nos sentiríamos mejor revitalizando, reconstruyendo o construyendo alguna relación más de las que tenemos. También debemos aceptar que hay relaciones que son tóxicas, y lo mejor que podemos hacer es evitarlas. Todo lo que he comentado a lo largo de este libro puede aportar maneras para hacerlo.

He señalado que las relaciones no son el problema, las relaciones son una vía hacia el bienestar, a pesar de que la posmodernidad haya confundido la riqueza de las subjetividades con el relativismo, que el respeto a la diversidad esté mutando en individualismo egoísta y que las relaciones líquidas, como producto de consumo, también corren el riesgo de ser de un solo uso. A pesar de todo, las relaciones sanas han de ser una parte importante de un futuro armónico y evolutivo.

Y para acabar, unas últimas cuestiones para la reflexión:

Cuestiones para reflexionar

★ ¿Qué relaciones voy a mantener?

★ ¿Qué relaciones quisiera revitalizar?

★ ¿Qué relación quisiera reconstruir?

★ ¿Qué relación quisiera construir?

Bibliografía

ÁLVAREZ, R. J. (1996): *Manual práctico de PNL*. Bilbao. Desclée de Brouwer

BAUMAN, Z. (2017*): El arte de la vida*. Paidós

BOHM, D. (1997): *Sobre el dialogo*. Barcelona. Editorial Kairós

BUENO, D. (2021): *El arte de persistir*. RBA libros

CARBONELL, E. y Sala, R. (2002): *Aún no somos humanos*. Península

CASADO, L. y Prat, T. (2014): *El mapa del conflicto*. Barcelona. Editorial Profit

CASADO, L. y Giménez, G. (2022): *Liderazgo inteligente*. Barcelona. Editorial Kairós

GOLEMAN, D. (1996): *Inteligencia emocional*. Editorial Kairós

KEEN, A. (2016): *Internet no es la respuesta*. Catedral Ediciones

HARARI, Y. N. (2019): *Sapiens*. Debate

LAKOFF, G. (2017): *No pienses en un elefante*. Barcelona. Península

MARTORELL, J. L. (2022): *Los juegos de la familia*. Sevilla. Jeder

MORGADO, I. (2010): *Emociones e inteligencia social*. Ariel

NARDONE, G. SALVINI, A. (2011): *El diálogo estratégico*. Barcelona. Herder

QUINTANA FORNS, J. y CISTERNAS CHÁVEZ, A. (2014): *Relaciones poderosas*. Barcelona. Editorial Kairós

Rey, A. (2022): *El libro de la inteligencia colectiva*. Córdoba. Editorial Almuzara

Riera, R. (2019): *La herencia emocional*. Planeta

Rosenberg, M. B. (2013): *Comunicación no violenta*. Buenos Aires. Gran Aldea Editores (8ª reimpresión)

Steiner, C. (2010): *El otro lado del poder*. Sevilla. Jeder (2ª edición)

Steiner, C. (2011): *Educación emocional*. Sevilla. Jeder

Tur, M. (2022): *Divorcis amb amor*. Barcelona. Rosa del Vents

Watzlawick, P., Weakland, J.H. y Fisch R. (1995): *Cambio*. Barcelona. Herder (9ª edición)